Printed in the USA

Hebrew Language:
101 Hebrew Verbs

By Taavi Levy

Contents

Hebrew Language Studies – Verbs	1
To Give	9
To Answer	11
To Have	13
To Lose	15
To Like	17
To Love	19
To Eat	21
To Come	23
To Choose	25
To Cry	27
To Cook	29
To Touch	31
To Talk	33
To Speak	35
To Know	37
To Understand	39
To Increase	41
To Say	43
To Seem	45
To Admit	47
To Appear	49
To Invite	51
To Hold	53
To Decide	55
To Be	57

To Be Able To	59
To Introduce	61
To Enter	63
To Fight	65
To Put	67
To Explain	69
To Watch	71
To Become	73
To Decrease	75
To Need	77
To Listen	79
To Show	81
To Feel	83
To Kill	85
To Stay	87
To Accept	89
To Use	91
To Start	93
To Begin	95
To Sit Down	97
To Call	99
To Remember	101
To Return	103
To Live	105
To Smile	107
To Wait	109
To Think	111
To Fall	113
To Sleep	115

To Write	117
To Walk	119
To Teach	121
To Learn	123
To Die	125
To Sell	127
To Find	129
To Drive	131
To Travel	133
To Win	135
To Breathe	137
To Kiss	139
To Close	141
To Finish	143
To Work	145
To Fly	147
To Go	149
To Help	151
To Stand	153
To Do	155
To Meet	157
To Open	159
To Exit	161
To Laugh	163
To Scream	165
To Receive	167
To Get Up	169
To Take	171
To Buy	173

To Read	175
To Happen	177
To See	179
To Run	181
To Want	183
To Dance	185
To Ask	187
To Break	189
To Play	191
To Notice	193
To Sing	195
To Lie Down	197
To Forget	199
To Send	201
To Hear	203
To Can	205
To Repeat	207
To Drink	209

Hebrew Language Studies – Verbs

General structure

The Hebrew language dates back to the tenth century B.C. as a holy language, and back to the first century A.D. as a spoken language. It is a Semitic language, similar to Arabic in its roots and verbal forms.

The Hebrew verb has three grammatical persons, two numbers, four verb tenses and three voices that are presented in seven verbal forms.

Root

The basis of every verb is its root – three letters (sometimes four) that will appear in almost every conjugation of the verb. For example, נאכל, אכלתי and האכלנו - all conjugations of "to eat", share the root .א.כ.ל. (a.kh.l) The stress is usually placed on the middle root letter, unless that letter has no vowels (this can also regard to 'e' – sometimes a passive vowel that can't carry stress). For example, האכלנו – he'ekhalnu (we ate) the stress is on the letter כ (kh), the middle root letter. When one of the root letters is a silent letter (א,ה,ו,י) it disappears in some conjugations, for example: קשה kashe (made difficult), הקשיתי hiksheti – I made difficult, the suffix י (i) that appears in past-first person conjugation, replaced the letter ה (h/a) in the root.

Here are examples of verbs and their roots (in bold):

Shamati	שמעתי
He'ezina	האזינה
Ukal	עוכל
Hitnashef	התנשף
Hiksheti	הקשיתי

Genders and Numbers

In Hebrew, verbs can be singular or plural and the genders are female and male. The plural has a suffix, depending on the gender and person. The male conjugations are simple whereas the female conjugations have a suffix letter – ה (h/a) or ת (t) for single and נ (n) or נה (na) for plural.

Here is an example with the verb אכל akhal (eat) in past tense: (transliterations in italics)

	First Person		Second Person		Third Person	
Number	Male	Female	Male	Female	Male	Female
Singular	אכלתי *Akhalti*	אכלתי *Akhalti*	אכלת *Akhalta*	אכלת *Akhalt*	אכל *Akhal*	אכלה *Akhla*
Plural	אכלנו *Akhalnu*	אכלנו *Akhalnu*	אכלתם *Akhaltem*	אכלתן *Akhalten*	אכלו *Akhlu*	אכלו *Akhlu*

Gender is relevant not only when the subject is human, but for any noun, including objects and abstract nouns. This is one of the greater challenges for Hebrew learners – in order to avoid grammatical errors you must memorize all of the nouns' gender. For example the word 'team' – צוות (tzevet) is male, and the word 'group' – קבוצה (kvutza) is female so the verbs relating to them would be different.

Person

In Hebrew there are three person options: the first person – I, the second person – you and the third person – he. The simplest form is the third person, usually similar to the root with suffixes only for female or plural. The first person usually has a י (i) suffix and the second person has different suffixes and prefixes, depending on the tense and verbal form.

Tense

There are four tenses in Hebrew: past, present, future as well as the imperative form. The past is usually the simple form, made up of only the gender, plural or verbal form affixes. The present tense sometimes has a מ (m) affix. The future tense is characterized by prefixes that change according to the person, for example – יאכל yokhal, he will eat is comprised from the root א.כ.ל. (a.kh.l) and the prefix י (i). In slang, or spoken Hebrew, present and future tenses tend to merge. The imperative form is unique and rarer than the other two, as it only exists in the second person (logically, you can't command yourself or someone who can't hear you). In spoken Hebrew, future tense is used also for imperative.

Here is a list of suffixes and prefixes for each tense (the three X's represent the three root letters):

Past Tense				
	Singular		Plural	
Person	Male	Female	Male	Female
1	XXXי	XXXי	XXXנו	XXXנו
	XXXi	XXXi	XXXnu	XXXnu
2	XXXת	XXXת	XXXתם	XXXתן
	XXXta	XXXt	XXXtem	XXXten
3	XXX	XXXה	XXXו	XXXו
	XXX	XXXa	XXXu	XXXu

Present Tense				
	Singular		Plural	
Person	Male	Female	Male	Female
1	XXוX	XXוXת	XXוXים	XXוXות
	XoXX	XoXXt	XoXXim	XoXXot
2	XXוX	XXוXת	XXוXים	XXוXות
	XoXX	XoXXt	XoXXim	XoXXot
3	XXוX	XXוXת	XXוXים	XXוXות
	XoXX	XoXXt	XoXXim	XoXXot

Future Tense				
	Singular		Plural	
Person	Male	Female	Male	Female
1	XXוX	XXוX	נXXX	תXXXנה
	XoXX	XoXX	noXXX	toXXXna
2	תXXX	תXXX	תXXXו	תXXXנה
	toXXX	toXXX	toXXXu	toXXXna
3	יXXX	תXXX	יXXXו	תXXXנה
	yoXXX	toXXX	yoXXXu	toXXXna

Imperative Tense				
	Singular		Plural	
Person	Male	Female	Male	Female
1	-	-	-	-
2	XıXX	יXXX	XXXו	XXXו
	XoXX	XXXi	XXXu	XXXu
3	-	-	-	-

Voice

The different verbal forms in Hebrew allow for a variety of voices: active, passive and mutual.

Verbal Forms

There are seven verbal forms in Hebrew, each with identifying affixes. Most roots do not apply to all seven verbal forms. Each verb uses different forms to present the three voices. Unfortunately, there is no easy way to remember which verbs use which forms, other than memorizing each (for this reason, as well as noun's genders, Hebrew is considered to be difficult to learn as the rules can only get you so far).

Verbal Form	Voice	Example	Transliteration	Translation
פעל	Active	-	-	-
פעל	Active	עיכל	i-kel	Digested
פעל	Passive	עוכל	u-kal	Was digested
נפעל	Passive	-	-	-

הפעיל	Active	-	-	-
הופעל	Passive	-	-	-
התפעל	Mutual	התעכל	Hit-a-kel	digested

Verbal Form	Voice	Example	Transliteration	Translation
פעל	Active	אכל	Akhal	Ate
פעל	Active	-	-	-
פעל	Passive	-	-	-
נפעל	Passive	נאכל	Ne-e-khal	Was eaten
הפעיל	Active	האכיל	He-e-khil	Fed
הופעל	Passive	הואכל	Hu-a-khal	Was fed
התפעל	Mutual	-	-	-

Here are examples of verbs in three voices, using different verbal forms:

Thought חשב			
	Active	Passive	Mutual
Verb	חשב	נחשב	התחשב
Transliteration	Khashav	Nekhshav	Hitkhashev
Verbal Form	פעל	נפעל	התפעל
Translation	Thought	Was thought of (as)	Was considerate (thought of another)

Surprise פתע			
	Active	**Passive**	**Mutual**
Verb	הפתיע	הופתע	-
Transliteration	Hifti'a	Hufta	
Verbal Form	הפעיל	הופעל	
Translation	Surprised	Was surprised	

Excited רגש			
	Active	**Passive**	**Mutual**
Verb	ריגש	-	התרגש
Transliteration	Rigesh		Hitragesh
Verbal Form	פיעל		התפעל
Translation	Excited (another)		Got excited

To Give

Tense	Conjugation	Transliteration	Translation
Past	נתתי	Nataty	I Gave
	נתנו	Natanu	We Gave
	נתת	Natata	You (Male) Gave
	נתתם	Natatem	You (Plural, Male) Gave
	נתת	Natat	You (Female) Gave
	נתתן	Nataten	You (Female, Plural) Gave
	נתן	Natan	He Gave
	נתנה	Natna	She Gave
	נתנו	Natnu	They Gave
Present	נותן	Noten	He Is Giving
	נותנים	Notnim	We Are Giving
Future	אתן	Eten	I Will Give
	ניתן	Niten	We Will Give
	תתן	Titen	He Will Give
	תתנו	Titnu	They Will Give
	תתני	Titni	You (Female) Will Give
	תתנה	Titenna	You (Female, Plural) Will Give
	יתן	Yiten	He Will Give
	יתנו	Yitnu	They (Male) Will Give
	תתן	Titen	She Will Give

	תתנה	Titenna	They (Female) Will Give
Imperative Tense	**תן**	**Ten**	Give!
	תנו	**Tnu**	Give! (Plural)
	תני	**Tny**	Give! (Female)

To Answer

Tense	Conjugation	Transliteration	Translation
Past	עניתי	Aniti	I Answered
	ענינו	Aninu	We Answered
	ענית	Anita	You (Male) Answered
	עניתם	Anitem	You (Plural, Male) Answered
	ענית	Anit	You (Female) Answered
	עניתן	Aniten	You (Female, Plural) Answered
	ענה	Ana	He Answered
	ענתה	Anta	She Answered
	ענו	Anu	They Answered
Present	עונה	One	He Is Answering
	עונים	Onim	We Are Answering
Future	אענה	E-Ene	I Will Answer
	נענה	Na-Ane	We Will Answer
	תענה	Ya'ane	He Will Answer
	תענו	Ya-Anu	They Will Answer
	תעני	Ta'ani	You (Female) Will Answer
	תענינה	Ta-Anena	You (Female, Plural) Will Answer
	יענה	Ya'ane	He Will Answer
	יענו	Ya'anu	They (Male) Will Answer

	תענה	Ta'ane	She Will Answer
	תענינה	Ta'a**ne**na	They (Female) Will Answer
Imperative Tense	**ענה**	**Ane**	Answer!
	ענו	A**nu**	Answer! (Second Person, Plural)
	עני	A**ni**	Answer (Female)

To Have

Tense	Conjugation	Transliteration	Translation
Past	היה לי	**Ha**ya **Li**	I Had
	היה לנו	Ha**ya** Lanu	We Had
	היה לך	Ha**ya** Lakh	You (Male) Had
	היה לכם	Ha**ya** Lakhem	You (Plural, Male) Had
	היה לה	Ha**ya** La	You (Female) Had
	היה לכן	Ha**ya** Lakhen	You (Female, Plural) Had
	היה לו	Ha**ya** Lo	He Had
	היה לה	Ha**ya** La	She Had
	היה להם	Ha**ya** Lahem	They Had
Present	יש לו	**Yesh** Lo	He Has
	יש לנו	**Yesh** Lanu	We Have
Future	יהיה לי	Yih**ye** Li	I Will Have
	יהיה לנו	Yih**ye** Lanu	We Will Have
	יהיה לו	Yih**ye** Lo	He Will Have
	יהיה לכם	Yih**ye** Lakhem	They Will Have
	יהיה לך	Yih**ye** Lakh	You (Female) Will Have
	יהיה לכן	Yih**ye** Lakhen	You (Female, Plural) Will Have
	יהיה לו	Yih**ye** Lo	He Will Have
	יהיה להם	Yih**ye** Lahem	They (Male) Will Have
	יהיה לה	Yih**ye** La	She Will Have

	יהיה להן	Yihye Lahen	They (Female) Will Have
Imperative Tense			

To Lose

Tense	Conjugation	Transliteration	Translation
Past	איבדתי	I**bad**eti	I Lost
	איבדנו	I**bad**nu	We Lost
	איבדת	I**bad**eta	You (Male) Lost
	איבדתם	Ibade**tem**	You (Plural, Male) Lost
	איבדת	I**bad**et	You (Female) Lost
	איבדתן	Ibade**ten**	You (Female, Plural) Lost
	איבד	I**bed**	He Lost
	איבדה	Ib**da**	She Lost
	איבדו	Ib**du**	They Lost
Present	מאבד	Me'a**bed**	He Is Losing
	מאבדים	Me'ab**dim**	We Are Losing
Future	אאבד	A'a**bed**	I Will Lose
	נאבד	Ne'a**bed**	We Will Lose
	תאבד	Te'a**bed**	He Will Lose
	תאבדו	Te'ab**du**	They Will Lose
	תאבדי	Te'ab**di**	You (Female) Will Lose
	תאבדנה	Te'a**bed**na	You (Female, Plural) Will Lose
	יאבד	Ye'a**bed**	He Will Lose
	יאבדו	Ye'ab**du**	They (Male) Will Lose
	תאבד	Te'a**bed**	She Will Lose

	תאבדנה	Te'abed**na**	They (Female) Will Lose
Imperative Tense	**אבד**	A**bed**	Lose!
	אבדו	Ab**du**	Lose! (Plural)
	אבדי	Ab**dy**	Lose! (Female)

To Like

Tense	Conjugation	Transliteration	Translation
Past	אהבתי	Ahavti	I Liked
	אהבנו	Ahavnu	We Liked
	אהבת	Ahavta	You (Male) Liked
	אהבתם	Ahavtem	You (Plural, Male) Liked
	אהבת	Ahavt	You (Female) Liked
	אהבתן	Ahavten	You (Female, Plural) Liked
	אהב	Ahav	He Liked
	אהבה	Ahava	She Liked
	אהבו	Ahavu	They Liked
Present	אוהב	Ohev	He Is Liking
	אוהבים	Ohavim	We Are Liking
Future	אאהוב	E'ehov	I Will Like
	נאהב	Nohav	We Will Like
	תאהב	To'hav	He Will Like
	תאהבו	To'havu	They Will Like
	תאהבי	Tohavi	You (Female) Will Like
	תאהבנה	To'havna	You (Female, Plural) Will Like
	יאהב	Yohav	He Will Like
	יאהבו	Yohavu	They (Male) Will Like
	תאהב	To'hav	She Will Like

		תאהבנה	To'hav**na**	They (Female) Will Like
Imperative Tense		אהב	E**hav**	Like!
		אהבו	Aha**vu**	Like! (Plural)
		אהבי	Eha**vy**	Like! (Female)

To Love

Tense	Conjugation	Transliteration	Translation
Past	אהבתי	A**hav**ti	I Loved
	אהבנו	Ahav**nu**	We Loved
	אהבת	A**hav**ta	You (Male) Loved
	אהבתם	Ahav**tem**	You (Plural, Male) Loved
	אהבת	A**hav**t	You (Female) Loved
	אהבתן	Ahav**ten**	You (Female, Plural) Loved
	אהב	A**hav**	He Loved
	אהבה	Ahava	She Loved
	אהבו	Aha**vu**	They Loved
Present	אוהב	O**hev**	He Is Loving
	אוהבים	Oha**vim**	We Are Loving
Future	אוהב	O**hav**	I Will Love
	נאהב	No**hav**	We Will Love
	תאהב	To'**hav**	He Will Love
	תאהבו	To'ha**vu**	They Will Love
	תאהבי	Tohavi	You (Female) Will Love
	תאהבנה	To'hav**na**	You (Female, Plural) Will Love
	יאהב	Yo**hav**	He Will Love
	יאהבו	Yoha**vu**	They (Male) Will Love
	תאהב	To'**hav**	She Will Love

	תאהבנה	To'**hav**na	They (Female) Will Love
Imperative Tense	אהב	E**hav**	Love!
	אהבו	Aha**vu**	Love! (Plural)
	אהבי	Eha**vy**	Love! (Female)

To Eat

Tense	Conjugation	Transliteration	Translation
Past	אכלתי	A**khal**ti	I Ate
	אכלנו	A**khal**nu	We Ate
	אכלת	A**khal**ta	You (Male) Ate
	אכלתם	Akhal**tem**	You (Plural, Male) Ate
	אכלת	A**khal**t	You (Female) Ate
	אכלתן	Akhal**ten**	You (Female, Plural) Ate
	אכל	A**khal**	He Ate
	אכלה	Akha**la**	She Ate
	אכלו	Akha**lu**	They Ate
Present	אוכל	O**khel**	He Is Eating
	אוכלים	Okh**lim**	We Are Eating
Future	אכל	O**khal**	I Will Eat
	נאכל	No**khal**	We Will Eat
	תאכל	To'**khal**	He Will Eat
	תאכלו	Tokh**lu**	They Will Eat
	תאכלי	Tokh**li**	You (Female) Will Eat
	תאכלנה	To'khal**na**	You (Female, Plural) Will Eat
	יאכל	Yo**khal**	He Will Eat
	יאכלו	Yokh**lu**	They (Male) Will Eat
	תאכל	To'**khal**	She Will Eat

	תאכלנה	To'khalna	They (Female) Will Eat
Imperative Tense	אכל	**Okhal**	Eat!
	אכלו	**Ikhlu**	Eat! (Plural)
	אכלי	Ikh**ly**	Eat! (Female)

To Come

Tense	Conjugation	Transliteration	Translation
Past	באתי	**Ba**ty	I Came
	באנו	**Ba**'nu	We Came
	באת	**Ba**ta	You (Male) Came
	באתם	Ba'**tem**	You (Plural, Male) Came
	באת	**Ba**'t	You (Female) Came
	באתן	Ba'**ten**	You (Female, Plural) Came
	בא	**Ba**	He Came
	באה	Ba'**a**	She Came
	באו	Ba'**u**	They Came
Present	בא	**Ba**	He Is Coming
	באים	Ba'**im**	We Are Coming
Future	אבוא	A**vo**	I Will Come
	נבוא	Na**vo**	We Will Come
	תבוא	Ta**vo**	He Will Come
	תבואו	Ta**vo**'u	They Will Come
	תבואי	Ta**vo**'i	You (Female) Will Come
	תבואנה	Ta**vo**na	You (Female, Plural) Will Come
	יבוא	Ya**vo**	He Will Come
	יבואו	Ya**vo**'u	They (Male) Will Come
	תבוא	Ta**vo**	She Will Come

	תבואנה	Tavona	They (Female) Will Come
Imperative Tense	**בא**	**Bo**	Come!
	בואו	Bo'**u**	Come! (Plural)
	בואי	**Bo**'y	Come! (Female)

To Choose

Tense	Conjugation	Transliteration	Translation
Past	בחרתי	Ba**khar**ty	I Chose
	בחרנו	Ba**khar**nu	We Chose
	בחרת	Ba**khar**ta	You (Male) Chose
	בחרתם	Bakhar**tem**	You (Plural, Male) Chose
	בחרת	Ba**khar**t	You (Female) Chose
	בחרתן	Bakhar**ten**	You (Female, Plural) Chose
	בחר	Ba**khar**	He Chose
	בחרה	Ba**khar**a	She Chose
	בחרו	Ba**khar**u	They Chose
Present	בוחר	Bo**kher**	He Is Choosing
	בוחרים	Bokha**rim**	We Are Choosing
Future	אבחר	Ev**khar**	I Will Choose
	נבחר	Niv**khar**	We Will Choose
	תבחר	Tiv**khar**	He Will Choose
	תבחרו	Tivkha**ru**	They Will Choose
	תבחרי	Tivkha**ri**	You (Female) Will Choose
	תבחרנה	Tiv**khar**na	You (Female, Plural) Will Choose
	יבחר	Yiv**khar**	He Will Choose
	יבחרו	Yivkha**ru**	They (Male) Will Choose
	תבחר	Tiv**khar**	She Will Choose

	תבחרנה	Tivkharna	They (Female) Will Choose
Imperative Tense	בחר	Bkhar	Choose!
	בחרו	Bikhru	Choose! (Plural)
	בחרי	Bikhry	Choose! (Female)

To Cry

Tense	Conjugation	Transliteration	Translation
Past	בכיתי	Bakhity	I Cried
	בכינו	Bakhinu	We Cried
	בכית	Bakhita	You (Male) Cried
	בכיתם	Bakhitem	You (Plural, Male) Cried
	בכית	Bakhit	You (Female) Cried
	בכיתן	Bakhiten	You (Female, Plural) Cried
	בכה	Bakha	He Cried
	בכתה	Bakhta	She Cried
	בכו	Bakhu	They Cried
Present	בוכה	Bokhe	He Is Crying
	בוכים	Bokhim	We Are Crying
Future	אבכה	Evke	I Will Cry
	נבכה	Nivke	We Will Cry
	תבכה	Tivke	He Will Cry
	תבכו	Tivku	They Will Cry
	תבכי	Tivki	You (Female) Will Cry
	תבכנה	Tivkena	You (Female, Plural) Will Cry
	יבכה	Yivke	He Will Cry
	יבכו	Yivku	They (Male) Will Cry
	תבכה	Tivke	She Will Cry

	תבכנה	Tivkena	They (Female) Will Cry
Imperative Tense	**בכה**	**Bkhe**	Cry!
	בכו	**Bkhu**	Cry! (Plural)
	בכי	**Bky**	Cry! (Female)

To Cook

Tense	Conjugation	Transliteration	Translation
Past	בישלתי	Bi**shal**ty	I Cooked
	בישלנו	Bi**shal**nu	We Cooked
	בישלת	Bi**shal**ta	You (Male) Cooked
	בישלתם	Bishal**tem**	You (Plural, Male) Cooked
	בישלת	Bi**shalt**	You (Female) Cooked
	בישלתן	Bishal**ten**	You (Female, Plural) Cooked
	בישל	Bi**shel**	He Cooked
	בישלה	Bi**shel**a	She Cooked
	בישלו	Bi**shel**u	They Cooked
Present	מבשל	Meva**shel**	He Is Cooking
	מבשלים	Meva**shlim**	We Are Cooking
Future	אבשל	Ava**shel**	I Will Cook
	נבשל	Neva**shel**	We Will Cook
	תבשל	Teva**shel**	He Will Cook
	תבשלו	Teva**shlu**	They Will Cook
	תבשלי	Teva**shli**	You (Female) Will Cook
	תבשלנה	Teva**shel**na	You (Female, Plural) Will Cook
	יבשל	Yeva**shel**	He Will Cook
	יבשלו	Yeva**shlu**	They (Male) Will Cook
	תבשל	Teva**shel**	She Will Cook

	תבשלנה	Tevashelna	They (Female) Will Cook
Imperative Tense	בשל	Bashel	Cook!
	בשלו	Bashlu	Cook! (Plural)
	בשלי	Bashly	Cook! (Female)

To Touch

Tense	Conjugation	Transliteration	Translation
Past	נגעתי	Na**ga**ty	I Touched
	נגענו	Na**ga**'nu	We Touched
	נגעת	Na**ga**ta	You (Male) Touched
	נגעתם	Na**ga**tem	You (Plural, Male)Touched
	נגעת	Na**ga**t	You (Female) Touched
	נגעתן	Na**ga**ten	You (Female, Plural) Touched
	נגע	Na**ga**	He Touched
	נגעה	Na**ga**'a	She Touched
	נגעו	Na**gu**	They Touched
Present	נוגע	No**ge**'a	He Is Touching
	נוגעים	No**ge**'**im**	We Are Touching
Future	אגע	E**ga**	I Will Touch
	נגע	Ni**ga**	We Will Touch
	תגע	Ti**ga**	He Will Touch
	תגעו	Ti**gu**	They Will Touch
	תגעי	Ti**gi**	You (Female) Will Touch
	תגענה	Ti**ga**na	You (Female, Plural) Will Touch
	יגע	Yi**ga**	He Will Touch
	יגעו	Yi**gu**	They (Male) Will Touch

		תגע	Tiga	She Will Touch
		תגענה	Tigana	They (Female) Will Touch
Imperative Tense		גע	**Ga**	Touch!
		געו	Gu	Touch! (Plural)
		געי	Ge'y	Touch! (Female)

To Talk

Tense	Conjugation	Transliteration	Translation
Past	דיברתי	Di**bar**ty	I Talked
	דיברנו	Di**bar**nu	We Talked
	דיברת	Di**bar**ta	You (Male) Talked
	דיברתם	Dibar**tem**	You (Plural, Male) Talked
	דיברת	Di**bart**	You (Female) Talked
	דיברתן	Dibar**ten**	You (Female, Plural) Talked
	דיבר	Di**ber**	He Talked
	דיברה	Dib**ra**	She Talked
	דיברו	Dib**ru**	They Talked
Present	מדבר	Meda**ber**	He Is Talking
	מדברים	Medab**rim**	We Are Talking
Future	אדבר	Ada**ber**	I Will Talk
	נדבר	Neda**ber**	We Will Talk
	תדבר	Teda**ber**	He Will Talk
	תדברו	Teda**bru**	They Will Talk
	תדברי	Teda**bri**	You (Female) Will Talk
	תדברנה	Teda**ber**na	You (Female, Plural) Will Talk
	ידבר	Yeda**ber**	He Will Talk
	ידברו	Yeda**bru**	They (Male) Will Talk
	תדבר	Teda**ber**	She Will Talk

	תדברנה	Tedaberna	They (Female) Will Talk
Imperative Tense	דבר	Daber	Talk!
	דברו	Dabru	Talk! (Plural)
	דברי	Dabry	Talk! (Female)

To Speak

Tense	Conjugation	Transliteration	Translation
Past	דיברתי	Di**bar**ty	I Spoke
	דיברנו	Di**bar**nu	We Spoke
	דיברת	Di**bar**ta	You (Male) Spoke
	דיברתם	Di**bar**tem	You (Plural, Male) Spoke
	דיברת	Di**bar**t	You (Female) Spoke
	דיברתן	Di**bar**ten	You (Female, Plural) Spoke
	דיבר	Di**ber**	He Spoke
	דיברה	Di**bra**	She Spoke
	דיברו	Di**bru**	They Spoke
Present	מדבר	Meda**ber**	He Is Speaking
	מדברים	Medab**rim**	We Are Speaking
Future	אדבר	Ada**ber**	I Will Speak
	נדבר	Neda**ber**	We Will Speak
	תדבר	Teda**ber**	He Will Speak
	תדברו	Teda**bru**	They Will Speak
	תדברי	Teda**bri**	You (Female) Will Speak
	תדברנה	Teda**berna**	You (Female, Plural) Will Speak
	ידבר	Yeda**ber**	He Will Speak
	ידברו	Yeda**bru**	They (Male) Will Speak
	תדבר	Teda**ber**	She Will Speak

	תדברנה	Tedaberna	They (Female) Will Speak
Imperative Tense	דבר	Da**ber**	Speak!
	דברו	Da**bru**	Speak! (Plural)
	דברי	Da**bry**	Speak! (Female)

To Know

Tense	Conjugation	Transliteration	Translation
Past	ידעתי	Ya**da**ti	I Knew
	ידענו	Ya**da**'nu	We Knew
	ידעת	Ya**da**ta	You (Male) Knew
	ידעתם	Yada**tem**	You (Plural, Male) Knew
	ידעת	Ya**dat**	You (Female) Knew
	ידעתן	Yada**ten**	You (Female, Plural) Knew
	ידע	Ya**da**	He Knew
	ידעה	Ya**da**	She Knew
	ידעו	Ya**du**	They Knew
Present	יודע	Yo**de**'a	He Is Knowing
	יודעים	Yo**dim**	We Are Knowing
Future	אדע	E**da**	I Will Know
	נדע	Ne**da**	We Will Know
	תדע	Te**da**	He Will Know
	תדעו	Te**du**	They Will Know
	תדעי	Ti**di**	You (Female) Will Know
	תדענה	Te**da**na	You (Female, Plural) Will Know
	יידע	Ye**da**	He Will Know
	יידעו	Ye**du**	They (Male) Will Know

		תדע	Teda	She Will Know
		תדענה	Tedana	They (Female) Will Know
Imperative Tense		דע	Da	Know!
		דעו	Du	Know! (Plural)
		דעי	De'y	Know! (Female)

To Understand

Tense	Conjugation	Transliteration	Translation
Past	הבנתי	Hi**v**anti	I Understood
	הבנו	He**v**anu	We Understood
	הבנת	Hi**v**anta	You (Male) Understood
	הבנת**ם**	Hi**v**an**tem**	You (Plural, Male) Understood
	הבנת	Hi**v**ant	You (Female) Understood
	הבנת**ן**	Hi**v**an**ten**	You (Female, Plural) Understood
	הבין	He**v**in	He Understood
	הבינה	He**v**ina	She Understood
	הבינו	He**v**inu	They Understood
Present	מבין	Me**v**in	He Is Understanding
	מבינים	Me**v**inim	We Are Understanding
Future	אבין	A**v**in	I Will Understand
	נבין	Na**v**in	We Will Understand
	תבין	Ta**v**in	He Will Understand
	תבינו	Ta**v**inu	They Will Understand
	תביני	Ta**v**ini	You (Female) Will Understand
	תבנה	Ta**v**in**na**	You (Female, Plural) Will Understand
	יבין	Ya**v**in	He Will Understand

		יבינו	Yavinu	They (Male) Will Understand
		תבין	Tavin	She Will Understand
		תבנה	Tavena	They (Female) Will Understand
Imperative Tense		הבן	Haven	Understand!
		הבינו	Havenu	Understand! (Plural)
		הבני	Haviny	Understand! (Female)

To Increase

Tense	Conjugation	Transliteration	Translation
Past	הגדל**תי**	Hig**dal**ti	I Increased
	הגדל**נו**	Hig**dal**nu	We Increased
	הגדל**ת**	Hig**dal**ta	You (Male) Increased
	הגדל**תם**	Higdal**tem**	You (Plural, Male) Increased
	הגדל**ת**	Hig**dal**t	You (Female) Increased
	הגדל**תן**	Higdal**ten**	You (Female, Plural) Increased
	הג**די**ל	Hig**di**l	He Increased
	הג**די**לה	Hig**di**la	She Increased
	הג**די**לו	Hig**di**lu	They Increased
Present	מג**די**ל	Mag**di**l	He Is Increasing
	מגדי**לים**	Magdi**lim**	We Are Increasing
Future	אג**די**ל	Ag**di**l	I Will Increase
	נג**די**ל	Nag**di**l	We Will Increase
	תג**די**ל	Tag**di**l	He Will Increase
	תג**די**לו	Tag**di**lu	They Will Increase
	תג**די**לי	Tag**di**li	You (Female) Will Increase
	תגדלנה	Tag**del**na	You (Female, Plural) Will Increase
	יג**די**ל	Yag**di**l	He Will Increase
	יג**די**לו	Yag**di**lu	They (Male) Will Increase

	תגדיל	**Tagdil**	She Will Increase
	תגדלנה	**Tagdelna**	They (Female) Will Increase
Imperative Tense	הגדל	**Hagdel**	Increase!
	הגדילו	**Hagdilu**	Increase! (Plural)
	הגדילי	**Hagdily**	Increase! (Female)

To Say

Tense	Conjugation	Transliteration	Translation
Past	הגדתי	Higa**de**ty	I Sayed
	הג**ד**נו	Hi**gad**nu	We Sayed
	הג**ד**ת	Higa**de**ta	You (Male) Sayed
	הגדת**ם**	Higade**tem**	You (Plural, Male) Sayed
	הג**דת**	Higa**det**	You (Female) Sayed
	הגדת**ן**	Higade**ten**	You (Female, Plural) Sayed
	הג**יד**	Hi**gid**	He Sayed
	הג**יד**ה	Hi**gi**da	She Sayed
	הג**יד**ו	Hi**gi**du	They Sayed
Present	מג**יד**	Ma**gid**	He Is Saying
	מג**יד**ים	Ma**gi**dim	We Are Saying
Future	אג**יד**	A**gid**	I Will Say
	נג**יד**	Na**gid**	We Will Say
	תג**יד**	Ta**gid**	He Will Say
	תג**יד**ו	Ta**gi**du	They Will Say
	תג**יד**י	Ta**gi**di	You (Female) Will Say
	תג**ד**נה	Ta**ged**na	You (Female, Plural) Will Say
	יג**יד**	Ya**gid**	He Will Say
	יג**יד**ו	Ya**gi**du	They (Male) Will Say
	תג**יד**	Ta**gid**	She Will Say

	תגדנה	Tagedna	They (Female) Will Say
Imperative Tense	הגד	**Haged**	Say!
	הגידו	Hagidu	Say! (Plural)
	הגידי	Hagidy	Say! (Female)

To Seem

Tense	Conjugation	Transliteration	Translation
Past	נדמתי	Nid**me**ty	I Seemed
	נדמנו	Nid**me**mu	We Seemed
	נדמית	Nid**me**ta	You (Male) Seemed
	נדמיתם	Nid**me**t**em**	You (Plural, Male) Seemed
	נדמית	Nid**met**	You (Female) Seemed
	נדמתן	Nid**me**t**en**	You (Female, Plural) Seemed
	נדמה	Nid**me**	He Seemed
	נדמתה	Nid**me**t**a**	She Seemed
	נדמו	Nid**mu**	They Seemed
Present	נדמה	Nid**me**	He Is Seeming
	נדמים	Nid**mim**	We Are Seeming
Future	אדמה	Ed**me**	I Will Seem
	נדמה	Nid**me**	We Will Seem
	תדמה	Tid**me**	He Will Seem
	תדמו	Tid**mu**	They Will Seem
	תדמי	Tid**mi**	You (Female) Will Seem
	תדמנה	Tid**me**na	You (Female, Plural) Will Seem
	ידמה	Yid**me**	He Will Seem
	ידמו	Yid**mu**	They (Male) Will Seem
	תדמה	Tid**me**	She Will Seem

	תדמנה	**Tid**me**na**	They (Female) Will Seem
Imperative Tense	הדמה	**Hi**da**me**	Seem!
	הדמו	**Hi**da**mu**	Seem! (Plural)
	הדמי	**Hi**da**my**	Seem! (Female)

To Admit

Tense	Conjugation	Transliteration	Translation
Past	הודיתי	Ho**de**ty	I Admitted
	הודינו	Ho**de**nu	We Admitted
	הודית	Ho**de**ta	You (Male) Admitted
	הודי**תם**	Hode**tem**	You (Plural, Male) Admitted
	הו**די**ת	Ho**det**	You (Female) Admitted
	הודי**תן**	Hode**ten**	You (Female, Plural) Admitted
	הו**דה**	Ho**da**	He Admitted
	הודתה	Hode**ta**	She Admitted
	הו**דו**	Ho**du**	They Admitted
Present	מודה	Mo**de**	He Is Admitting
	מו**דים**	Mo**dim**	We Are Admiting
Future	אודה	O**de**	I Will Admit
	נודיע	No**dia**	We Will Admit
	תודה	To**de**	He Will Admit
	תודו	To**du**	They Will Admit
	תודי	To**di**	You (Female) Will Admit
	תודנה	To**de**na	You (Female, Plural) Will Admit
	יודה	Yo**de**	He Will Admit
	יודו	Yo**du**	They (Male) Will Admit

		תודה	Tode	She Will Admit
		תודנה	To**de**na	They (Female) Will Admit
Imperative Tense		הודה	Ho**de**	Admit!
		הודו	Ho**du**	Admit! (Plural)
		הודי	Ho**dy**	Admit! (Female)

To Appear

Tense	Conjugation	Transliteration	Translation
Past	הופעתי	Ho**fa**ty	I Appeared
	הופענו	Hod**fa**nu	We Appeared
	הופעת	Ho**fa**ta	You (Male) Appeared
	הופעת**ם**	Hofa**tem**	You (Plural, Male) Appeared
	הופעת	Ho**fat**	You (Female) Appeared
	הופעת**ן**	Hofa**ten**	You (Female, Plural) Appeared
	הופיע	Ho**fi**a	He Appeared
	הופיעה	Ho**fi**'a	She Appeared
	הופיעו	Ho**fi**'u	They Appeared
Present	מופיע	Mo**fi**a	He Is Appearing
	מופיעים	Mo**fi**'im	We Are Appearing
Future	אופיע	O**fi**'a	I Will Appear
	נופיע	No**fi**a	We Will Appear
	תופיע	To**fi**a	He Will Appear
	תופיעו	To**fi**'u	They Will Appear
	תופיעי	To**fi**'i	You (Female) Will Appear
	תופענה	To**fa**na	You (Female, Plural) Will Appear
	יופיע	Yo**fi**'a	He Will Appear
	יופיעו	Yo**fi**'u	They (Male) Will Appear

	תו**פי**ע	Tofia	She Will Appear
	תו**פע**נה	Tofana	They (Female) Will Appear
Imperative Tense	הו**פע**	Hofa	Appear!
	הו**פי**עו	Hofi'u	Appear! (Plural)
	הו**פי**עי	Hofi'y	Appear! (Female)

To Invite

Tense	Conjugation	Transliteration	Translation
Past	הזמנתי	Hiz**man**ty	I Inviteed
	הזמנו	Hiz**ma**nu	We Inviteed
	הזמנת	Hiz**man**ta	You (Male) Inviteed
	הזמנתם	Hiz**man**tem	You (Plural, Male)Inviteed
	הזמנת	Hiz**mant**	You (Female) Inviteed
	הזמנתן	Hiz**man**ten	You (Female, Plural) Inviteed
	הזמין	Hiz**min**	He Inviteed
	הזמינה	Hiz**mi**na	She Inviteed
	הזמינו	Hiz**mi**nu	They Inviteed
Present	מזמין	Maz**min**	He Is Inviting
	מזמינים	Maz**mi**nim	We Are Inviting
Future	אזמין	Az**min**	I Will Invite
	נזמין	Naz**min**	We Will Invite
	תזמין	Taz**min**	He Will Invite
	תזמינו	Taz**mi**nu	They Will Invite
	תזמיני	Taz**mi**ni	You (Female) Will Invite
	תזמנה	Taz**me**na	You (Female, Plural) Will Invite
	יזמין	Yaz**min**	He Will Invite
	יזמינו	Yaz**mi**nu	They (Male) Will Invite
	תזמין	Taz**min**	She Will Invite

		תזמנה	Tazmena	They (Female) Will Invite
Imperative Tense		הזמן	Hazmen	Invite!
		הזמינו	Hazminu	Invite! (Plural)
		הזמיני	Hazminy	Invite! (Female)

To Hold

Tense	Conjugation	Transliteration	Translation
Past	החזקתי	Hikh**zak**ty	I Held
	החזקנו	Hikh**zak**nu	We Held
	החזקת	Hikh**zak**ta	You (Male) Held
	החזקת**ם**	Hikhzak**tem**	You (Plural, Male) Held
	החזקת	Hikh**zak**t	You (Female) Held
	החזקת**ן**	Hikhzak**ten**	You (Female, Plural) Held
	החזיק	Hikh**zik**	He Held
	החזיקה	Hikh**zik**a	She Held
	החזיקו	Hikh**zik**u	They Held
Present	מחזיק	Makh**zik**	He Is Holding
	מחזיקים	Makh**zik**im	We Are Holding
Future	אחזיק	Akh**zik**	I Will Hold
	נחזיק	Nakh**zik**	We Will Hold
	תחזיק	Takh**zik**	He Will Hold
	תחזיקו	Takh**zik**u	They Will Hold
	תחזיקי	Takh**zik**i	You (Female) Will Hold
	תחזקנה	Takh**zek**na	You (Female, Plural) Will Hold
	יחזיק	Yakh**zik**	He Will Hold
	יחזיקו	Yakh**zik**u	They (Male) Will Hold
	תחזיק	Takh**zik**	She Will Hold

	תחזקנה	Takh**zek**na	They (Female) Will Hold
Imperative Tense	החזק	Hakh**zek**	Hold!
	החזיקו	Hakh**zik**u	Hold! (Plural)
	החזיקי	Hakh**zik**y	Hold! (Female)

To Decide

Tense	Conjugation	Transliteration	Translation
Past	החלטתי	Hikhla**te**ty	I Decided
	החל**ט**נו	Hikhla**t**nu	We Decided
	החלטת	Hikhla**te**ta	You (Male) Decided
	החלטת**ם**	Hikhlate**tem**	You (Plural, Male) Decided
	החלטת	Hikhla**tet**	You (Female) Decided
	החלטת**ן**	Hikhlate**ten**	You (Female, Plural) Decided
	החל**יט**	Hikh**lit**	He Decided
	החל**ית**ה	Hikh**li**ta	She Decided
	החל**יט**ו	Hikh**li**tu	They Decided
Present	מחל**יט**	Makh**lit**	He Is Deciding
	מחל**יט**ים	Makh**li**tim	We Are Deciding
Future	אחל**יט**	Akh**lit**	I Will Decide
	נחל**יט**	Nakh**lit**	We Will Decide
	תחל**יט**	Takh**lit**	He Will Decide
	תחל**יט**ו	Takh**li**tu	They Will Decide
	תחל**יט**י	Takh**li**ti	You (Female) Will Decide
	תחל**ט**נה	Takh**let**na	You (Female, Plural) Will Decide
	יחל**יט**	Yakh**lit**	He Will Decide
	יחל**יט**ו	Yakh**li**tu	They (Male) Will Decide
	תחל**יט**	Takh**lit**	She Will Decide

	תחלטנה	Takhletna	They (Female) Will Decide
Imperative Tense	החלט	Hakhlet	Decide!
	החליטו	Hakhlitu	Decide! (Plural)
	החליטי	Hakhlity	Decide! (Female)

To Be

Tense	Conjugation	Transliteration	Translation
Past	הייתי	Ha**yi**ty	I Was
	היינו	Ha**yi**nu	We Was
	היית	Ha**yi**ta	You (Male) Was
	היי**תם**	Hayi**tem**	You (Plural, Male) Was
	היית	Ha**yi**t	You (Female) Was
	היי**תן**	Hayi**ten**	You (Female, Plural) Was
	היה	Ha**ya**	He Was
	היתה	Hay**ta**	She Was
	היו	Ha**yu**	They Was
Present	הווה	Ho**ve**	He Is Is
	הוי**ם**	Ho**vim**	We Are Is
Future	**אהיה**	Ehe**ye**	I Will Be
	נהיה	Nih**ye**	We Will Be
	תהיה	Tih**ye**	He Will Be
	תהיו	Tih**yu**	They Will Be
	תהיי	Tih**yi**	You (Female) Will Be
	תהיינה	Tih**ye**na	You (Female, Plural) Will Be
	יהיה	Yih**ye**	He Will Be
	יהיו	Yih**yu**	They (Male) Will Be
	תהיה	Tih**ye**	She Will Be
	תהיינה	Tih**ye**na	They (Female) Will Be

Imperative Tense	היה	He**ye**	Be!
	היו	He**yu**	Be! (Plural)
	היי	He**yi**	Be! (Female)

To Be Able To

Tense	Conjugation	Transliteration	Translation
Past	יכלתי	Ya**khol**ti	I Was Able To
	יכלנו	Ya**khol**nu	We Was Able To
	יכלת	Ya**khol**ta	You (Male) Was Able To
	יכל**תם**	Yakhol**tem**	You (Plural, Male) Was Able To
	יכלת	Ya**khol**t	You (Female) Was Able To
	יכל**תן**	Yakhol**ten**	You (Female, Plural) Was Able To
	יכל	Ya**khal**	He Was Able To
	יכלה	Ya**khal**a	She Was Able To
	יכלו	Ya**khal**u	They Was Able To
Present	יכול	Ya**khol**	He Is Able To
	יכולים	Ye**khol**im	We Are Able To
Future	אוכל	**Okhal**	I Will Be Able
	נוכל	**Nukhal**	We Will Be Able
	תוכל	**Tukhal**	He Will Be Able
	תוכלו	**Tukhlu**	They Will Be Able
	תוכלי	**Tukhli**	You (Female) Will Be Able
	תוכלנה	**Tukhalna**	You (Female, Plural) Will Be Able
	יוכל	**Yukhal**	He Will Be Able

		יוכלו	Yukhlu	They (Male) Will Be Able
		תוכל	Tu**khal**	She Will Be Able
		תוכלנה	Tu**khal**na	They (Female) Will Be Able
Imperative Tense		היה י**כול**	Heye Ya**khol**	Be Able!
		היו יכול**ים**	Heyu Yekhol**im**	Be Able! (Plural)
		היי יכול**ה**	Heyi Yekhol**a**	Be Able! (Female)

To Introduce

Tense	Conjugation	Transliteration	Translation
Past	הכרתי	Hikarty	I Introduced
	הכרנו	Hikarnu	We Introduced
	הכרת	Hikarta	You (Male) Introduced
	הכרתם	Hikartem	You (Plural, Male) Introduced
	הכרת	Hikart	You (Female) Introduced
	הכרתן	Hikarten	You (Female, Plural) Introduced
	הכיר	Hikir	He Introduced
	הכירה	Hikira	She Introduced
	הכירו	Hikiru	They Introduced
Present	מכיר	Makir	He Is Introducing
	מכירים	Makirim	We Are Introducing
Future	אכיר	Akir	I Will Introduce
	נכיר	Nakir	We Will Introduce
	תכיר	Takir	He Will Introduce
	תכירו	Takiru	They Will Introduce
	תכירי	Takiri	You (Female) Will Introduce
	תכרנה	Takerna	You (Female, Plural) Will Introduce
	יכיר	Yakir	He Will Introduce

	יכירו	Yakiru	They (Male) Will Introduce
	תכיר	Takir	She Will Introduce
	תכרנה	Takerna	They (Female) Will Introduce
Imperative Tense	הכר	Haker	Introduce!
	הכירו	Hakiru	Introduce! (Plural)
	הכירי	Hakiry	Introduce! (Female)

To Enter

Tense	Conjugation	Transliteration	Translation
Past	נכנסתי	Nikhnasty	I Entered
	נכנסנו	Nikhnasnu	We Entered
	נכנסת	Nikhnasta	You (Male) Entered
	נכנסתם	Nikhnastem	You (Plural, Male) Entered
	נכנסת	Nikhnast	You (Female) Entered
	נכנסתן	Nikhnasten	You (Female, Plural) Entered
	נכנס	Nikhnas	He Entered
	נכנסה	Nikhnasa	She Entered
	נכנסו	Nikhnasu	They Entered
Present	נכנס	Nikhnas	He Is Entering
	נכנסים	Nikhnasim	We Are Entering
Future	אכנס	Ekanes	I Will Enter
	נכנס	Nikanes	We Will Enter
	תכנס	Tikanes	He Will Enter
	תכנסו	Tikansu	They Will Enter
	תכנסי	Tikansi	You (Female) Will Enter
	תכנסנה	Tikanesna	You (Female, Plural) Will Enter
	יכנס	Yikanes	He Will Enter
	יכנסו	Yikansu	They (Male) Will Enter

	תכנס	Tikanes	She Will Enter
	תכנסנה	Tikanesna	They (Female) Will Enter
Imperative Tense	הכנס	Hikanes	Enter!
	הכנסו	Hikansu	Enter! (Plural)
	הכנסי	Hikansy	Enter! (Female)

To Fight

Tense	Conjugation	Transliteration	Translation
Past	נלחמתי	Nilkhamty	I Fought
	נלחמנו	Nilkhamnu	We Fought
	נלחמת	Nilkhamta	You (Male) Fought
	נלחמתם	Nilkhamtem	You (Plural, Male) Fought
	נלחמת	Nilkhamt	You (Female) Fought
	נלחמתן	Nilkhamten	You (Female, Plural) Fought
	נלחם	Nilkham	He Fought
	נלחמה	Nilkhama	She Fought
	נלחמו	Nilkhamu	They Fought
Present	נלחם	Nilkham	He Is Fighting
	נלחמים	Nilkhamim	We Are Fighting
Future	אלחם	Alakhem	I Will Fight
	נלחם	Nilakhem	We Will Fight
	תלחם	Tilakhem	He Will Fight
	תלחמו	Tilakhamu	They Will Fight
	תלחמי	Tilakhmi	You (Female) Will Fight
	תלחמנה	Tilakhemna	You (Female, Plural) Will Fight
	ילחם	Yilakhem	He Will Fight
	ילחמו	Yilakhamu	They (Male) Will Fight
	תלחם	Tilakhem	She Will Fight

		תלחמנה	Tilakhemna	They (Female) Will Fight
Imperative Tense		הלחם	Hilakhem	Fight!
		הלחמו	Hilakhamu	Fight! (Plural)
		הלחמי	Hilakhamy	Fight! (Female)

To Put

Tense	Conjugation	Transliteration	Translation
Past	הנחתי	Hi**nakh**ty	I Put
	הנחנו	Hi**nakh**nu	We Put
	הנחת	Hi**nakh**ta	You (Male) Put
	הנחתם	Hinakh**tem**	You (Plural, Male) Put
	הנחת	Hi**nakh**t	You (Female) Put
	הנחתן	Hinakh**ten**	You (Female, Plural) Put
	הניח	Hini**akh**	He Put
	הניחה	Hi**ni**kha	She Put
	הניחו	Hi**ni**khu	They Put
Present	מניח	Mani**akh**	He Is Putting
	מניחים	Mani**khim**	We Are Putting
Future	אניח	Ani**akh**	I Will Put
	נניח	Nani**akh**	We Will Put
	תניח	Tani**akh**	He Will Put
	תניחו	Ta**ni**khu	They Will Put
	תניחי	Ta**ni**khi	You (Female) Will Put
	תנחנה	Ta**nakh**na	You (Female, Plural) Will Put
	יניח	Yani'**akh**	He Will Put
	יניחו	Ya**ni**khu	They (Male) Will Put
	תניח	Tani**akh**	She Will Put
	תנחנה	Tania**khna**	They (Female) Will Put

Imperative Tense	הנח	Han**akh**	Put!
	הניחו	Ha**ni**khu	Put! (Plural)
	הניחי	Ha**ni**khy	Put! (Female)

To Explain

Tense	Conjugation	Transliteration	Translation
Past	הס**ב**רתי	His**bar**ty	I Explained
	הס**ב**רנו	His**bar**nu	We Explained
	הסברת	His**bar**ta	You (Male) Explained
	הסברת**ם**	Hisbar**tem**	You (Plural, Male) Explained
	הס**ב**רת	His**bar**t	You (Female) Explained
	הסברת**ן**	Hisbar**ten**	You (Female, Plural) Explained
	הס**בי**ר	His**bir**	He Explained
	הס**בי**רה	His**bir**a	She Explained
	הס**בי**רו	His**bir**u	They Explained
Present	מס**בי**ר	Mas**bir**	He Is Explaining
	מס**בי**רים	Mas**bir**im	We Are Explaining
Future	אס**בי**ר	As**bir**	I Will Explain
	נס**בי**ר	Nas**bir**	We Will Explain
	תס**בי**ר	Tas**bir**	He Will Explain
	תס**בי**רו	Tas**bir**u	They Will Explain
	תס**בי**רי	Tas**bir**i	You (Female) Will Explain
	תס**ב**רנה	Tas**bar**na	You (Female, Plural) Will Explain
	יס**בי**ר	Yas**bir**	He Will Explain
	יס**בי**רו	Yas**bir**u	They (Male) Will Explain

		תסביר	Tas**bir**	She Will Explain
		תסברנה	Tasber**na**	They (Female) Will Explain
Imperative Tense		הסבר	Has**ber**	Explain!
		הסבירו	Has**bir**u	Explain! (Plural)
		הסבירי	Has**bir**y	Explain! (Female)

To Watch

Tense	Conjugation	Transliteration	Translation
Past	הסתכלתי	Hista**kal**ty	I Watched
	הסתכלנו	Hista**kal**nu	We Watched
	הסתכלת	Hista**kal**ta	You (Male) Watched
	הסתכלת**ם**	Hista**kal**tem	You (Plural, Male) Watched
	הסתכלת	Hista**kal**t	You (Female) Watched
	הסתכלת**ן**	Hista**kal**ten	You (Female, Plural) Watched
	הסת**כ**ל	Hista**kel**	He Watched
	הסתכלה	Histak**la**	She Watched
	הסתכלו	Histak**lu**	They Watched
Present	מסת**כ**ל	Mista**kel**	He Is Watching
	מסתכלי**ם**	Mistak**lim**	We Are Watching
Future	אסת**כ**ל	Esta**kel**	I Will Watch
	נסת**כ**ל	Nista**kel**	We Will Watch
	תסת**כ**ל	Tista**kel**	He Will Watch
	תסתכלו	Tistak**lu**	They Will Watch
	תסתכלי	Tistak**li**	You (Female) Will Watch
	תסת**כ**לנה	Tista**kel**na	You (Female, Plural) Will Watch
	יסת**כ**ל	Yista**kel**	He Will Watch
	יסתכלו	Yistak**lu**	They (Male) Will Watch

	תסתכל	Tista**kel**	She Will Watch
	תסתכלנה	Tista**kel**na	They (Female) Will Watch
Imperative Tense	הסתכל	Hista**kel**	Watch!
	הסתכלו	Histak**lu**	Watch! (Plural)
	הסתכלי	Histak**ly**	Watch! (Female)

To Become

Tense	Conjugation	Transliteration	Translation
Past	הפכתי	Ha**fakh**ty	I Became
	הפכנו	Ha**fakh**nu	We Became
	הפכת	Ha**fakh**ta	You (Male) Became
	הפכתם	Hafakh**tem**	You (Plural, Male) Became
	הפכת	Ha**fakh**t	You (Female) Became
	הפכתן	Hafakh**ten**	You (Female, Plural) Became
	הפך	Ha**fakh**	He Became
	הפכה	Haf**kha**	She Became
	הפכו	Haf**khu**	They Became
Present	הופך	Ho**fekh**	He Is Becoming
	הופכים	Hofe**khim**	We Are Becoming
Future	אהפוך	Aha**fokh**	I Will Become
	נהפוך	Naha**fokh**	We Will Become
	תהפוך	Taha**fokh**	He Will Become
	תהפכו	Tahaf**khu**	They Will Become
	תהפכי	Tahaf**khi**	You (Female) Will Become
	תהפכנה	Taha**fokh**na	You (Female, Plural) Will Become
	יהפוך	Yaha**fokh**	He Will Become
	יהפכו	Yahaf**khu**	They (Male) Will Become
	תהפוך	Taha**fokh**	She Will Become

	תהפכנה	Tahafokhna	They (Female) Will Become
Imperative Tense	הפך	Hafokh	Become!
	הפכו	Hifkhu	Become! (Plural)
	הפכי	Hifkhy	Become! (Female)

To Decrease

Tense	Conjugation	Transliteration	Translation
Past	הפחתתי	Hif**khat**ty	I Decreased
	הפחתנו	Hif**khat**nu	We Decreased
	הפחתת	Hif**khat**ta	You (Male) Decreased
	הפחתתם	Hifkhat**tem**	You (Plural, Male) Decreased
	הפחתת	Hif**khat**et	You (Female) Decreased
	הפחתתן	Hifkhat**ten**	You (Female, Plural) Decreased
	הפחית	Hif**khit**	He Decreased
	הפחיתה	Hif**khit**a	She Decreased
	הפחיתו	Hif**khit**u	They Decreased
Present	מפחית	Maf**khit**	He Is Decreasing
	מפחיתים	Maf**khit**im	We Are Decreasing
Future	אפחית	Af**khit**	I Will Decrease
	נפחית	Naf**khit**	We Will Decrease
	תפחית	Taf**khit**	He Will Decrease
	תפחיתו	Taf**khit**u	They Will Decrease
	תפחיתי	Taf**khit**i	You (Female) Will Decrease
	תפחתנה	Taf**khet**na	You (Female, Plural) WIll Decrease
	יפחית	Yaf**khit**	He Will Decrease
	יפחיתו	Yaf**khit**u	They (Male) Will Decrease

	תפחית	Taf**khit**	She Will Decrease
	תפחתנה	Taf**khet**na	They (Female) Will Decrease
Imperative Tense	הפחת	Haf**khet**	Decrease!
	הפחיתו	Haf**khit**u	Decrease! (Plural)
	הפחיתי	Haf**khit**y	Decrease! (Female)

To Need

Tense	Conjugation	Transliteration	Translation
Past	הצטרכתי	Hitztarakhty	I Needed
	הצטרכנו	Hitztarakhnu	We Needed
	הצטרכת	Hitztarakhta	You (Male) Needed
	הצטרכתם	Hitztarakhtem	You (Plural, Male) Needed
	הצטרכת	Hitztarakht	You (Female) Needed
	הצטרכתן	Hitztarakhten	You (Female, Plural) Needed
	הצטרך	Hitztarekh	He Needed
	הצטרכה	Hitztarkha	She Needed
	הצטרכו	Hitztarkhu	They Needed
Present	מצטרך	Mitztarekh	He Is Needing
	מצטרכים	Mitztarkhim	We Are Needing
Future	אצטרך	Etztarekh	I Will Need
	נצטרך	Nitztarekh	We Will Need
	תצטרך	Tiztarekh	He Will Need
	תצטרכו	Titztarkhu	They Will Need
	תצטרכי	Titztarkhi	You (Female) Will Need
	תצטרכנה	Tiztarekhna	You (Female, Plural) Will Need
	יצטרך	Yiztarekh	He Will Need
	יצטרכו	Yiztarkhu	They (Male) Will Need
	תצטרך	Tiztarekh	She Will Need

	תצטרכנה	Tiztarekhna	They (Female) Will Need
Imperative Tense	הצטרך	Hitztarekh	Need!
	הצטרכו	Hitztarkhu	Need! (Plural)
	הצטרכי	Hitztarkhy	Need! (Female)

To Listen

Tense	Conjugation	Transliteration	Translation
Past	הקשבתי	Hik**shav**ty	I Listened
	הקשבנו	Hik**shav**nu	We Listened
	הקשבת	Hik**shav**ta	You (Male) Listened
	הקשבתם	Hikshav**tem**	You (Plural, Male) Listened
	הקשבת	Hik**shavt**	You (Female) Listened
	הקשבתן	Hikshav**ten**	You (Female, Plural) Listened
	הקשיב	Hik**shiv**	He Listened
	הקשיבה	Hik**shiv**a	She Listened
	הקשיבו	Hik**shiv**u	They Listened
Present	מקשיב	Mak**shiv**	He Is Listening
	מקשיבים	Makshi**vim**	We Are Listening
Future	אקשיב	Ak**shiv**	I Will Listen
	נקשיב	Nak**shiv**	We Will Listen
	תקשיב	Tak**shiv**	He Will Listen
	תקשיבו	Tak**shi**vu	They Will Listen
	תקשיבי	Tak**shi**vi	You (Female) Will Listen
	תקשבנה	Tak**shev**na	You (Female, Plural) Will Listen
	יקשיב	Yak**shiv**	He Will Listen
	יקשיבו	Yak**shiv**u	They (Male) Will Listen

	תקשיב	Tak**shiv**	She Will Listen
	תק**שב**נה	Tak**shev**na	They (Female) Will Listen
Imperative Tense	הק**שב**	Hak**shev**	Listen!
	הק**שי**בו	Hak**shi**vu	Listen! (Plural)
	הק**שי**בי	Hak**shi**vy	Listen! (Female)

To Show

Tense	Conjugation	Transliteration	Translation
Past	הראיתי	Hirety	I Showed
	הראנו	Hirenu	We Showed
	הראית	Hireta	You (Male) Showed
	הראיתם	Hiretem	You (Plural, Male) Showed
	הראית	Hiret	You (Female) Showed
	הראיתן	Hireten	You (Female, Plural) Showed
	הראה	Hira	He Showed
	הראתה	Hireta	She Showed
	הראו	Hiru	They Showed
Present	מראה	Mare	He Is Showing
	מראים	Marim	We Are Showing
Future	אראה	Ere	I Will Show
	נראה	Nire	We Will Show
	תראה	Tire	He Will Show
	תראו	Tiru	They Will Show
	תראי	Tiri	You (Female) Will Show
	תראנה	Tirena	You (Female, Plural) Will Show
	יראה	Yire	He Will Show
	יראו	Yiru	They (Male) Will Show
	תראה	Tire	She Will Show

	תראנה	Tirena	They (Female) Will Show
Imperative Tense	הראה	Hare	Show!
	הראו	Haru	Show! (Plural)
	הראי	Hary	Show! (Female)

To Feel

Tense	Conjugation	Transliteration	Translation
Past	הרגשתי	Hir**gash**ty	I Felt
	הרגשנו	Hir**gash**nu	We Felt
	הרגשת	Hir**gash**ta	You (Male) Felt
	הרגשתם	Hirgash**tem**	You (Plural, Male) Felt
	הרגשת	Hir**gash**t	You (Female) Felt
	הרגשתן	Hirgash**ten**	You (Female, Plural) Felt
	הרגיש	Hir**gish**	He Felt
	הרגישה	Hir**gi**sha	She Felt
	הרגישו	Hir**gi**shu	They Felt
Present	מרגיש	Mar**gish**	He Is Feeling
	מרגישים	Mar**gi**shim	We Are Feeling
Future	ארגיש	Ar**gish**	I Will Feel
	נרגיש	Nar**gish**	We Will Feel
	תרגיש	Tar**gish**	He Will Feel
	תרגישו	Tar**gi**shu	They Will Feel
	תרגישי	Tar**gi**shi	You (Female) Will Feel
	תרגשנה	Tar**gesh**na	You (Female, Plural) Will Feel
	ירגיש	Yar**gish**	He Will Feel
	ירגישו	Yar**gi**shu	They (Male) Will Feel
	תרגיש	Tar**gish**	She Will Feel

	תרגשנה	Targeshna	They (Female) Will Feel
Imperative Tense	הרגש	Hargesh	Feel!
	הרגישו	Hargishu	Feel! (Plural)
	הרגישי	Hargishy	Feel! (Female)

To Kill

Tense	Conjugation	Transliteration	Translation
Past	הרגתי	Haragty	I Killed
	הרגנו	Haragnu	We Killed
	הרגת	Haragta	You (Male) Killed
	הרגתם	Haragtem	You (Plural, Male) Killed
	הרגת	Haragt	You (Female) Killed
	הרגתן	Haragten	You (Female, Plural) Killed
	הרג	Harag	He Killed
	הרגה	Haraga	She Killed
	הרגו	Haragu	They Killed
Present	הורג	Horeg	He Is Killing
	הורגים	Horgim	We Are Killing
Future	אהרוג	Eherog	I Will Kill
	נהרוג	Naharog	We Will Kill
	תהרוג	Taharog	He Will Kill
	תהרגו	Tahargu	They Will Kill
	תהרגי	Tahargi	You (Female) Will Kill
	תהרגנה	Taharogna	You (Female, Plural) Will Kill
	יהרוג	Yaharog	He Will Kill
	יהרגו	Yahargu	They (Male) Will Kill
	תהרוג	Taharog	She Will Kill

	תהרגנה	Taharogna	They (Female) Will Kill
Imperative Tense	הרג	Harog	Kill!
	הרגו	Hargu	Kill! (Plural)
	הרגי	Hargy	Kill! (Female)

To Stay

Tense	Conjugation	Transliteration	Translation
Past	נשארתי	Nisharty	I Stayed
	השארנו	Hisharnu	We Stayed
	השארת	Hisharta	You (Male) Stayed
	השארת**ם**	Hishar**tem**	You (Plural, Male) Stayed
	השארת	Hishart	You (Female) Stayed
	השארת**ן**	Hishar**ten**	You (Female, Plural) Stayed
	השאיר	Hishir	He Stayed
	השאירה	Hishira	She Stayed
	השאירו	Hishiru	They Stayed
Present	משאיר	Mashir	He Is Staying
	משאירי**ם**	Mashirim	We Are Staying
Future	אשאר	Asha'er	I Will Stay
	נשאר	Nisha'er	We Will Stay
	תשאר	Tisha'er	He Will Stay
	תשארו	Tisha'aru	They Will Stay
	תשארי	Tisha'ari	You (Female) Will Stay
	תשארנה	Tisha'erna	You (Female, Plural) Will Stay
	ישאר	Yisha'**er**	He Will Stay
	ישארו	Yisha'aru	They (Male) Will Stay
	תשאר	Tisha'**er**	She Will Stay

	תשארנה	Tisha'erna	They (Female) Will Stay
Imperative Tense	השאר	Hisha'er	Stay!
	השארו	Hisha'aru	Stay! (Plural)
	השארי	Hisha'ary	Stay! (Female)

To Accept

Tense	Conjugation	Transliteration	Translation
Past	השלמתי	Hishlamty	I Accepted
	השלמנו	Hishlamnu	We Accepted
	השלמת	Hishlamta	You (Male) Accepted
	השלמתם	Hishlamtem	You (Plural, Male) Accepted
	השלמת	Hishlamt	You (Female) Accepted
	השלמתן	Hishlamten	You (Female, Plural) Accepted
	השלים	Hishlim	He Accepted
	השלימה	Hishlima	She Accepted
	השלימו	Hishlimu	They Accepted
Present	משלים	Mashlim	He Is Accepting
	משלימים	Mashlimim	We Are Accepting
Future	אשלים	Ashlim	I Will Accept
	נשלים	Nashlim	We Will Accept
	תשלים	Tashlim	He Will Accept
	תשלימו	Tashlimu	They Will Accept
	תשלימי	Tashlimi	You (Female) Will Accept
	תשלמנה	Tashlemna	You (Female, Plural) Will Accept
	ישלים	Yeshlim	He Will Accept
	ישלימו	Yashlimu	They (Male) Will Accept

		תשלים	Tashlim	She Will Accept
		תשלמנה	Tashlemna	They (Female) Will Accept
Imperative Tense		השלם	Hashlem	Accept!
		השלימו	Hashlimu	Accept! (Plural)
		השלימי	Hashlimy	Accept! (Female)

To Use

Tense	Conjugation	Transliteration	Translation
Past	השתמשתי	Hishatmashty	I Used
	השתמשנו	Hishtamashnu	We Used
	השתמשת	Hishtamashta	You (Male) Used
	השתמשתם	Hishtamashtem	You (Plural, Male) Used
	השתמשת	Hishtamasht	You (Female) Used
	השתמשתן	Hishtamashten	You (Female, Plural) Used
	השתמש	Hishtamesh	He Used
	השתמשה	Hishtamsha	She Used
	השתמשו	Hishtamshu	They Used
Present	משתמש	Mishtamesh	He Is Using
	משתמשים	Mishtamshim	We Are Using
Future	אשתמש	Eshtamesh	I Will Use
	נשתמש	Nishtamesh	We Will Use
	תשתמש	Tishtamesh	He Will Use
	תשתמשו	Tishtamshu	They Will Use
	תשתמשי	Tishtamshi	You (Female) Will Use
	תשתמשנה	Tishtameshna	You (Female, Plural) Will Use
	ישתמש	Yishtamesh	He Will Use
	ישתמשו	Yishtamshu	They (Male) Will Use
	תשתמש	Tishtamesh	She Will Use

	תשתמשנה	Tishta**mesh**na	They (Female) Will Use
Imperative Tense	השתמ**ש**	Hishta**mesh**	Use!
	השתמ**שו**	Hishtami**shu**	Use! (Plural)
	השתמ**שי**	Hishtami**shy**	Use! (Female)

To Start

Tense	Conjugation	Transliteration	Translation
Past	התחלתי	Hit**khal**ti	I Started
	התחלנו	Hit**khal**nu	We Started
	התחלת	Hit**khal**ta	You (Male) Started
	התחלת**ם**	Hitkhal**tem**	You (Plural, Male) Started
	התחל**ת**	Hit**khal**t	You (Female) Started
	התחלת**ן**	Hitkhal**ten**	You (Female, Plural) Started
	הת**חיל**	Hit**khil**	He Started
	התחילה	Hit**khi**la	She Started
	התחילו	Hit**khi**lu	They Started
Present	מת**חיל**	Mat**khil**	He Is Starting
	מתחילים	Mat**khi**lim	We Are Starting
Future	את**חיל**	At**khil**	I Will Start
	נת**חיל**	Nat**khil**	We Will Start
	תת**חיל**	Tat**khil**	He Will Start
	תת**חי**לו	Tat**khi**lu	They Will Start
	תת**חי**לי	Tat**khi**li	You (Female) Will Start
	תת**חל**נה	Tat**khel**na	You (Female, Plural) Will Start
	ית**חיל**	Yat**khil**	He Will Start
	ית**חי**לו	Yat**khi**lu	They (Male) Will Start
	תת**חיל**	Tat**khil**	She Will Start

	תתחלנה	Tat**khel**na	They (Female) Will Start
Imperative Tense	ה**תחל**	Hat**khel**	Start!
	הת**חילו**	Hat**khil**u	Start! (Plural)
	הת**חילי**	Hat**khil**y	Start! (Female)

To Begin

Tense	Conjugation	Transliteration	Translation
Past	Conjugation	Transliteration	I Began
	התחלתי	Hitkhalti	We Began
	התחלנו	Hitkhalnu	You (Male) Began
	התחלת	Hitkhalta	You (Plural, Male) Began
	התחלתם	Hitkhaltem	You (Female) Began
	התחלת	Hitkhalt	You (Female, Plural) Began
	התחלתן	Hitkhalten	He Began
	התחיל	Hitkhil	She Began
	התחילה	Hitkhila	They Began
Present	התחילו	Hitkhilu	He Is Beginning
	מתחיל	Matkhil	We Are Beginning
Future	מתחילים	Matkhilim	I Will Begin
	אתחיל	Atkhil	We Will Begin
	נתחיל	Natkhil	He Will Begin
	תתחיל	Tatkhil	They Will Begin
	תתחילו	Tatkhilu	You (Female) Will Begin
	תתחילי	Tatkhili	You (Female, Plural) Will Begin
	תתחלנה	Tatkhelna	He Will Begin
	יתחיל	Yatkhil	They (Male) Will Begin
	יתחילו	Yatkhilu	She Will Begin

	תתחיל	Tat**khil**	They (Female) Will Begin
Imperative Tense	תתחלנה	Tat**khel**na	Begin!
	התחל	Hat**khel**	Begin! (Plural)
	התחילו	Hat**khi**lu	Begin! (Female)

To Sit Down

Tense	Conjugation	Transliteration	Translation
Past	התיישבתי	Hiyashavty	I Sat Down
	התיישבנו	Hityashavnu	We Sat Down
	התיישבת	Hityashavta	You (Male) Sat Down
	התיישבתם	Hityashavtem	You (Plural, Male) Sat Down
	התיישבת	Hityashavt	You (Female) Sat Down
	התיישבתן	Hityashavten	You (Female, Plural) Sat Down
	התיישב	Hityashev	He Sat Down
	התיישבה	Hityashva	She Sat Down
	התיישבו	Hityashvu	They Sat Down
Present	מתיישב	Mityashev	He Is Sitting Down
	מתיישבים	Mityashvim	We Are Sitting Down
Future	אתיישב	Atyashev	I Will Sit Down
	נתיישב	Nityashev	We Will Sit Down
	תתיישב	Tityashev	He Will Sit Down
	תתיישבו	Tityashvu	They Will Sit Down
	תתיישבי	Tityashvi	You (Female) Will Sit Down
	תתיישבנה	Tityashevna	You (Female, Plural) Will Sit Down
	יתיישב	Yityashev	He Will Sit Down
	יתיישבו	Yityashvu	They (Male) Will Sit Down

	תתיישב	Tityashev	She Will Sit Down
	תתיישבנה	Tityashevna	They (Female) Will Sit Down
Imperative Tense	התיישב	Hityashev	Sit Down!
	התיישבו	Hityashivu	Sit Down! (Plural)
	התיישבי	Hityashivy	Sit Down! (Female)

To Call

Tense	Conjugation	Transliteration	Translation
Past	התקשרתי	Hitka**shar**ty	I Called
	התקשרנו	Hitka**shar**nu	We Called
	התקשרת	Hitka**shar**ta	You (Male) Called
	התקשרתם	Hitkashar**tem**	You (Plural, Male) Called
	התקשרת	Hitka**shart**	You (Female) Called
	התקשרתן	Hitkashar**ten**	You (Female, Plural) Called
	התקשר	Hitka**sher**	He Called
	התקשרה	Hitkash**ra**	She Called
	התקשרו	Hitkash**ru**	They Called
Present	מתקשר	Mitka**sher**	He Is Calling
	מתקשרים	Mitkash**rim**	We Are Calling
Future	אתקשר	Atka**sher**	I Will Call
	נתקשר	Nitka**sher**	We Will Call
	תקשר	Tika**sher**	He Will Call
	תתקשרו	Titkash**ru**	They Will Call
	תתקשרי	Titkash**ri**	You (Female) Will Call
	תקשרנה	Tikasher**na**	You (Female, Plural) Will Call
	יתקשר	Yika**sher**	He Will Call
	יתקשרו	Yikash**ru**	They (Male) Will Call
	תתקשר	Tika**sher**	She Will Call

		תתקשרנה	Tikasherna	They (Female) Will Call
Imperative Tense		התקשר	Hitkasher	Call!
		התקשרו	Hitkashru	Call! (Plural)
		התקשרי	Hitkashry	Call! (Female)

To Remember

Tense	Conjugation	Transliteration	Translation
Past	זכרתי	Za**khar**ty	I Remembered
	זכרנו	Za**khar**nu	We Remembered
	זכרת	Za**khar**ta	You (Male) Remembered
	זכרתם	Zakhar**tem**	You (Plural, Male) Remembered
	זכרת	Za**khar**t	You (Female) Remembered
	זכרתן	Zakhar**ten**	You (Female, Plural) Remembered
	זכר	Za**khar**	He Remembered
	זכרה	Zakh**ra**	She Remembered
	זכרו	Zakh**ru**	They Remembered
Present	זוכר	Zo**kher**	He Is Remembering
	זוכרים	Zokh**rim**	We Are Remembering
Future	אזכור	Ez**kor**	I Will Remember
	נזכור	Niz**kor**	We Will Remember
	תזכור	Tiz**kor**	He Will Remember
	תזכרו	Tizke**ru**	They Will Remember
	תזכרי	Tizke**ri**	You (Female) Will Remember
	תזכרנה	Tiz**kor**na	You (Female, Plural) Will Remember
	יזכור	Yiz**kor**	He Will Remember

	יזכרו	**Yizkeru**	They (Male) Will Remember
	תזכור	**Tizkor**	She Will Remember
	תזכרנה	**Tizkorna**	They (Female) Will Remember
Imperative Tense	זכור	**Zakhor**	Remember!
	זכרו	**Zikhru**	Remember! (Plural)
	זכרי	**Zikhry**	Remember! (Female)

To Return

Tense	Conjugation	Transliteration	Translation
Past	חזרתי	Kha**zar**ty	I Returned
	חזרנו	Kha**zar**nu	We Returned
	חזרת	Kha**zar**ta	You (Male) Returned
	חזר**תם**	Khazar**tem**	You (Plural, Male) Returned
	חזרת	Kha**zar**t	You (Female) Returned
	חזר**תן**	Khazar**ten**	You (Female, Plural) Returned
	חזר	Kha**zar**	He Returned
	חזרה	Khaza**ra**	She Returned
	חזרו	Khaza**ru**	They Returned
Present	חוזר	Kho**zer**	He Is Returning
	חוזר**ים**	Khoz**rim**	We Are Returning
Future	אחזור	Akh**zor**	I Will Return
	נחזור	Nakh**zor**	We Will Return
	תחזור	Takha**zor**	He Will Return
	תחזרו	Takhze**ru**	They Will Return
	תחזרי	Takhze**ri**	You (Female) Will Return
	תחזורנה	Takha**zor**na	You (Female, Plural) Will Return
	יחזור	Yakh**zor**	He Will Return
	יחזרו	Yakhze**ru**	They (Male) Will Return

		תחזור	Takha**zor**	She Will Return
		תחזורנה	Takha**zor**na	They (Female) Will Return
Imperative Tense		חזור	Kha**zor**	Return!
		חזרו	Khiz**ru**	Return! (Plural)
		חזרי	Khiz**ry**	Return! (Female)

To Live

Tense	Conjugation	Transliteration	Translation
Past	חייתי	Kha**yi**ty	I Lived
	חיינו	Kha**yi**nu	We Lived
	חיית	Kha**yi**ta	You (Male) Lived
	חייתם	Khay**item**	You (Plural, Male) Lived
	חיית	Kha**yit**	You (Female) Lived
	חייתן	Khay**iten**	You (Female, Plural) Lived
	חי	**Khay**	He Lived
	חיה	**Kh**a**ya**	She Lived
	חיו	**Kh**a**yu**	They Lived
Present	חי	**Khai**	He Is Living
	חיים	Kha**yim**	We Are Living
Future	אחיה	Ekh**ye**	I Will Live
	נחיה	Nekh**ye**	We Will Live
	תחיה	Tikh**ye**	He Will Live
	תחיו	Tikh**yu**	They Will Live
	תחיי	Tikh**yi**	You (Female) Will Live
	תחיינה	Tikh**yena**	You (Female, Plural) Will Live
	יחיה	Yikh**ye**	He Will Live
	יחיו	Yikh**yu**	They (Male) Will Live
	תחיה	Tikh**ye**	She Will Live

	תחינה	Tikh**ye**na	They (Female) Will Live
Imperative Tense	חייה	**Kha**ye	Live!
	חיו	**Kha**yu	Live! (Plural)
	חיי	**Kha**yi	Live! (Female)

To Smile

Tense	Conjugation	Transliteration	Translation
Past	חייכתי	Khie**yakh**ty	I Smiled
	חייכנו	Khi**yakh**nu	We Smiled
	חייכת	Khi**yakh**ta	You (Male) Smiled
	חייכת**ם**	Khiyakh**tem**	You (Plural, Male) Smiled
	חיי**כת**	Khi**yakht**	You (Female) Smiled
	חייכת**ן**	Khiyakh**ten**	You (Female, Plural) Smiled
	חייך	Khi**yekh**	He Smiled
	חייכה	Khiy**kha**	She Smiled
	חייכו	Khiy**khu**	They Smiled
Present	מחייך	Mekha**yekh**	He Is Smiling
	מחייכים	Mekhay**khim**	We Are Smiling
Future	אחייך	Akha**yekh**	I Will Smile
	נחייך	Nekha**yekh**	We Will Smile
	תחייך	Tekha**yekh**	He Will Smile
	תחייכו	Tekhay**khu**	They Will Smile
	תחייכי	Tekhay**khi**	You (Female) Will Smile
	תחייכנה	Tekhaye**khna**	You (Female, Plural) Will Smile
	יחייך	Yekha**yekh**	He Will Smile
	יחייכו	Yekhay**khu**	They (Male) Will Smile
	תחייך	Tekha**yekh**	She Will Smile

	תחייכנה	Tekha**ye**khna	They (Female) Will Smile
Imperative Tense	חייך	Kha**ye**kh	Smile!
	חיי**כו**	Khay**khu**	Smile! (Plural)
	חיי**כי**	Khay**khy**	Smile! (Female)

To Wait

Tense	Conjugation	Transliteration	Translation
Past	חיכיתי	Khi**ki**ty	I Waited
	חיכינו	Khi**ki**nu	We Waited
	חיכית	Khi**ki**ta	You (Male) Waited
	חיכי**תם**	Khiki**tem**	You (Plural, Male) Waited
	חי**כית**	Khi**kit**	You (Female) Waited
	חיכי**תן**	Khiki**ten**	You (Female, Plural) Waited
	חי**כה**	Khi**ka**	He Waited
	היכ**תה**	Khik**ta**	She Waited
	חי**כו**	Khi**ku**	They Waited
Present	מח**כה**	Mekha**ke**	He Is Waiting
	מח**כים**	Mekha**kim**	We Are Waiting
Future	אחכה	Akha**ke**	I Will Wait
	נחכה	Nekha**ke**	We Will Wait
	תחכה	Tekha**ke**	He Will Wait
	תחכו	Tekha**ku**	They Will Wait
	תחכי	Tekha**ki**	You (Female) Will Wait
	תחכנה	Tekha**ke**na	You (Female, Plural) Will Wait
	יחכה	Yekha**ke**	He Will Wait
	יחכו	Yekha**ku**	They (Male) Will Wait
	תחכה	Tekha**ke**	She Will Wait

	תחכנה	Tekhakena	They (Female) Will Wait
Imperative Tense	חכה	Kha**ke**	Wait!
	חכו	Kha**ku**	Wait! (Plural)
	חכי	Kha**ky**	Wait! (Female)

To Think

Tense	Conjugation	Transliteration	Translation
Past	חשבתי	Kha**shav**ty	I Thought
	חשבנו	Kha**shav**nu	We Thought
	חשבת	Kha**shav**ta	You (Male) Thought
	חשבתם	Khashav**tem**	You (Plural, Male) Thought
	חשבת	Kha**shavt**	You (Female) Thought
	חשבתן	Khashav**ten**	You (Female, Plural) Thought
	חשב	Kha**shav**	He Thought
	חשבה	Khash**va**	She Thought
	חשבו	Khash**vu**	They Thought
Present	חושב	Kho**shev**	He Is Thinking
	חושבים	Khosh**vim**	We Are Thinking
Future	אחשוב	Akh**shov**	I Will Think
	נחשוב	Nakh**shov**	We Will Think
	תחשוב	Takh**shov**	He Will Think
	תחשבו	Takhshe**vu**	They Will Think
	תחשבי	Takhshe**vi**	You (Female) Will Think
	תחשבנה	Takh**shov**na	You (Female, Plural) Will Think
	יחשוב	Yakh**shov**	He Will Think
	יחשבו	Yakhshe**vu**	They (Male) Will Think

	תחשוב	**Takhshov**	She Will Think
	תחשבנה	**Takhshov**na	They (Female) Will Think
Imperative Tense	חשוב	Kha**shov**	Think!
	חשבו	Khish**vu**	Think! (Plural)
	חשבי	Khish**vy**	Think! (Female)

To Fall

Tense	Conjugation	Transliteration	Translation
Past	נפלתי	Na**fal**ty	I Fell
	נפלנו	Na**fal**nu	We Fell
	נפלת	Na**fal**ta	You (Male) Fell
	נפלתם	Nafal**tem**	You (Plural, Male) Fell
	נפלת	Na**falt**	You (Female) Fell
	נפלתן	Nafal**ten**	You (Female, Plural) Fell
	נפל	Na**fal**	He Fell
	נפלה	Naf**la**	She Fell
	נפלו	Naf**lu**	They Fell
Present	נופל	No**fel**	He Is Falling
	נופלים	Nof**lim**	We Are Falling
Future	אפול	E**pol**	I Will Fall
	נפול	Ni**pol**	We Will Fall
	תיפול	Ti**pol**	He Will Fall
	תיפלו	Tip**lu**	They Will Fall
	תפלי	Tip**li**	You (Female) Will Fall
	תפלנה	TI**pol**na	You (Female, Plural) Will Fall
	ייפול	Yi**pol**	He Will Fall
	ייפלו	Yip**lu**	They (Male) Will Fall
	תיפול	Ti**pol**	She Will Fall
	תפלנה	Ti**pol**na	They (Female) Will Fall

Imperative Tense	**פול**	**Pol**	Fall!
	פלו	**Polu**	Fall! (Plural)
	פלי	**Poly**	Fall! (Female)

To Sleep

Tense	Conjugation	Transliteration	Translation
Past	ישנתי	Ya**shan**ty	I Slept
	ישנו	Ya**sha**nu	We Slept
	ישנת	Ya**shan**ta	You (Male) Slept
	ישנתם	Ya**shan**tem	You (Plural, Male) Slept
	ישנת	Ya**shan**t	You (Female) Slept
	ישנתן	Ya**shan**ten	You (Female, Plural) Slept
	ישן	Ya**shan**	He Slept
	ישנה	Ya**shn**a	She Slept
	ישנו	Yash**nu**	They Slept
Present	ישן	Ya**shen**	He Is Sleeping
	ישנים	Yeshe**nim**	We Are Sleeping
Future	אשן	E**shan**	I Will Sleep
	נישן	Ni**shan**	We Will Sleep
	תישן	Ti**shan**	He Will Sleep
	תישנו	Tish**nu**	They Will Sleep
	תישני	Tish**ni**	You (Female) Will Sleep
	תשנה	Ti**shan**na	You (Female, Plural) Will Sleep
	ישן	Yi**shan**	He Will Sleep
	ישנו	Yish**nu**	They (Male) Will Sleep
	תישן	Ti**shan**	She Will Sleep

	תישנה	Tishana	They (Female) Will Sleep
Imperative Tense	שן	**Shan**	Sleep!
	שנו	**Shnu**	Sleep! (Plural)
	שני	**Shny**	Sleep! (Female)

To Write

Tense	Conjugation	Transliteration	Translation
Past	כתבתי	Ka**tav**ty	I Wrote
	כתבנו	Ka**tav**nu	We Wrote
	כתבת	Ka**tav**ta	You (Male) Wrote
	כתבתם	Katav**tem**	You (Plural, Male) Wrote
	כתבת	Ka**tavt**	You (Female) Wrote
	כתבתן	Katav**ten**	You (Female, Plural) Wrote
	כתב	Ka**tav**	He Wrote
	כתבה	Ka**tva**	She Wrote
	כתבו	Kat**vu**	They Wrote
Present	כותב	Ko**tev**	He Is Writing
	כותבים	Kot**vim**	We Are Writing
Future	אכתוב	Ekh**tov**	I Will Write
	נכתוב	Nikh**tov**	We Will Write
	תכתוב	Tikh**tov**	He Will Write
	תכתבו	Tikhte**vu**	They Will Write
	תכתבי	Tikhte**vi**	You (Female) Will Write
	תכתובנה	Tikh**tov**na	You (Female, Plural) Will Write
	יכתוב	Yikh**tov**	He Will Write
	יכתבו	Yikhte**vu**	They (Male) Will Write
	תכתוב	Tikh**tov**	She Will Write

	תכתובנה	Tikhtovna	They (Female) Will Write
Imperative Tense	**כתוב**	**Ktov**	Write!
	כתבו	Kitvu	Write! (Plural)
	כתבי	Kitvy	Write! (Female)

To Walk

Tense	Conjugation	Transliteration	Translation
Past	הלכתי	Ha**lakh**ty	I Walked
	הלכנו	Ha**lakh**nu	We Walked
	הלכת	Ha**lakh**ta	You (Male) Walked
	הלכתם	Halakh**tem**	You (Plural, Male) Walked
	הלכת	Ha**lakh**t	You (Female) Walked
	הלכתן	Halakh**ten**	You (Female, Plural) Walked
	הלך	Ha**lakh**	He Walked
	הלכה	Hal**kha**	She Walked
	הלכו	Hal**khu**	They Walked
Present	הולך	Ho**lekh**	He Is Walking
	הולכים	Hol**khim**	We Are Walking
Future	אלך	E**lekh**	I Will Walk
	נלך	Ni**lekh**	We Will Walk
	תלך	Te**lekh**	He Will Walk
	תלכו	Tel**khu**	They Will Walk
	תלכי	Til**khi**	You (Female) Will Walk
	תלכנה	Te**lekh**na	You (Female, Plural) Will Walk
	ילך	Yi**lekh**	He Will Walk
	ילכו	Yil**khu**	They (Male) Will Walk
	תלך	Te**lekh**	She Will Walk

	תלכנה	Te**lekh**na	They (Female) Will Walk
Imperative Tense	לך	**Lekh**	Walk!
	לכו	**Le**khu	Walk! (Plural)
	לכי	**Le**khy	Walk! (Female)

To Teach

Tense	Conjugation	Transliteration	Translation
Past	לימדתי	Limadety	I Taught
	לימדנו	Limadnu	We Taught
	לימדת	Limadeta	You (Male) Taught
	לימדתם	Limadetem	You (Plural, Male) Taught
	לימדת	Limadet	You (Female) Taught
	לימדתן	Limadeten	You (Female, Plural) Taught
	לימד	Limed	He Taught
	לימדה	Limda	She Taught
	לימדו	Limdu	They Taught
Present	מלמד	Melamed	He Is Teaching
	מלמדים	Melamdim	We Are Teaching
Future	אלמד	Elamed	I Will Teach
	נלמד	Nilmad	We Will Teach
	תלמד	Tilmad	He Will Teach
	תלמדו	Tilmedu	They Will Teach
	תלמדי	Tilmedi	You (Female) Will Teach
	תלמדנה	Telamedna	You (Female, Plural) Will Teach
	ילמד	Yelamed	He Will Teach
	ילמדו	Yelamdu	They (Male) Will Teach
	תלמד	Telamed	She Will Teach

	תלמדנה	Telamedna	They (Female) Will Teach
Imperative Tense	למד	La**med**	Teach!
	למדו	Lam**du**	Teach! (Plural)
	למדי	Lam**dy**	Teach! (Female)

To Learn

Tense	Conjugation	Transliteration	Translation
Past	למדתי	La**ma**dety	I Learned
	למדנו	La**ma**dnu	We Learned
	למדת	La**ma**deta	You (Male) Learned
	למד**תם**	Lamade**tem**	You (Plural, Male) Learned
	למדת	La**ma**det	You (Female) Learned
	למד**תן**	Lamade**ten**	You (Female, Plural) Learned
	ל**מד**	La**mad**	He Learned
	למ**דה**	Lam**da**	She Learned
	למ**דו**	Lam**du**	They Learned
Present	לו**מד**	Lo**med**	He Is Learning
	לומ**דים**	Lom**dim**	We Are Learning
Future	אל**מד**	Ala**med**	I Will Learn
	נל**מד**	Nela**med**	We Will Learn
	תל**מד**	Tela**med**	He Will Learn
	תלמ**דו**	Telam**du**	They Will Learn
	תלמ**די**	Telam**di**	You (Female) Will Learn
	תלמד**נה**	Telamed**na**	You (Female, Plural) Will Learn
	יל**מד**	Yela**med**	He Will Learn
	ילמ**דו**	Yelam**du**	They (Male) Will Learn
	תל**מד**	Tela**med**	She Will Learn

	תלמדנה	Telamedna	They (Female) Will Learn
Imperative Tense	למד	**Lmad**	Learn!
	למדו	Limdu	Learn! (Plural)
	למדי	Limdy	Learn! (Female)

To Die

Tense	Conjugation	Transliteration	Translation
Past	מתתי	Matety	I Died
	מתנו	Matnu	We Died
	מתת	Mateta	You (Male) Died
	מתתם	Matetem	You (Plural, Male) Died
	מתת	Matet	You (Female) Died
	מתתן	Mateten	You (Female, Plural) Died
	מת	Met	He Died
	מתה	Meta	She Died
	מתו	Metu	They Died
Present	מת	Met	He Is Dying
	מתים	Metim	We Are Dying
Future	אמות	Amut	I Will Die
	נמות	Namut	We Will Die
	תמות	Tamut	He Will Die
	תמותו	Tamutu	They Will Die
	תמותי	Tamuti	You (Female) Will Die
	תמותנה	Tamutna	You (Female, Plural) Will Die
	ימות	Yamut	He Will Die
	ימותו	Yamutu	They (Male) Will Die
	תמות	Tamut	She Will Die

	תמותנה	Tamut**na**	They (Female) Will Die
Imperative Tense	**מות**	**Mut**	Die!
	מותו	**Mu**tu	Die! (Plural)
	מותי	**Mu**ty	Die! (Female)

To Sell

Tense	Conjugation	Transliteration	Translation
Past	מכרתי	Ma**khar**ty	I Sold
	מכרנו	Ma**khar**nu	We Sold
	מכרת	Ma**khar**ta	You (Male) Sold
	מכרת**ם**	Makhar**tem**	You (Plural, Male) Sold
	מכרת	Ma**khar**t	You (Female) Sold
	מכרת**ן**	Makhar**ten**	You (Female, Plural) Sold
	מ**כ**ר	Ma**khar**	He Sold
	מכרה	Ma**khr**a	She Sold
	מכרו	Makh**ru**	They Sold
Present	מו**כ**ר	Mo**kher**	He Is Selling
	מוכרי**ם**	Mokh**rim**	We Are Selling
Future	אמ**כור**	Em**kor**	I Will Sell
	נמ**כור**	Nim**kor**	We Will Sell
	תמ**כור**	Tim**kor**	He Will Sell
	תמכרו	Timke**ru**	They Will Sell
	תמכרי	Timke**ri**	You (Female) Will Sell
	תמ**כור**נה	Tim**kor**na	You (Female, Plural) Will Sell
	ימ**כור**	Yim**kor**	He Will Sell
	ימכרו	Yimke**ru**	They (Male) Will Sell
	תמ**כור**	Tim**kor**	She Will Sell

	תמכורנה	Timkorna	They (Female) Will Sell
Imperative Tense	מכור	Mkor	Sell!
	מכרו	Mikhru	Sell! (Plural)
	מכרי	Mikhry	Sell! (Female)

To Find

Tense	Conjugation	Transliteration	Translation
Past	מצאתי	Matzaty	I Found
	מצאנו	Matzanu	We Found
	מצאת	Matzata	You (Male) Found
	מצאתם	Matza**tem**	You (Plural, Male) Found
	מצאת	Matzat	You (Female) Found
	מצאתן	Matza**ten**	You (Female, Plural) Found
	מצא	Ma**tza**	He Found
	מצאה	Matz**a**	She Found
	מצאו	Matz**u**	They Found
Present	מוצא	Mo**tze**	He Is Finding
	מוצאים	Motz**im**	We Are Finding
Future	אמצא	Em**tza**	I Will Find
	נמצא	Nim**tza**	We Will Find
	תמצא	Tim**tza**	He Will Find
	תמצאו	Timtze'**u**	They Will Find
	תמצאי	Timtze'**i**	You (Female) Will Find
	תמצאנה	Tim**tza**na	You (Female, Plural) Will Find
	ימצא	Yim**tza**	He Will Find
	ימצאו	Yimtze**u**	They (Male) Will Find
	תמצא	Tim**tza**	She Will Find

	תמצאנה	Timtzana	They (Female) Will Find
Imperative Tense	מצא	Mtza	Find!
	מצאו	Mitzu	Find! (Plural)
	מצאי	Mitzy	Find! (Female)

To Drive

Tense	Conjugation	Transliteration	Translation
Past	נהגתי	Na**hag**ty	I Drove
	נהגנו	Na**hag**nu	We Drove
	נהגת	Na**hag**ta	You (Male) Drove
	נהגתם	Nahag**tem**	You (Plural, Male) Drove
	נהגת	Na**hagt**	You (Female) Drove
	נהגתן	Nahag**ten**	You (Female, Plural) Drove
	נהג	Na**hag**	He Drove
	נהגה	Na**hag**a	She Drove
	נהגו	Na**hag**u	They Drove
Present	נוהג	No**heg**	He Is Driving
	נוהגים	No**hag**im	We Are Driving
Future	אנהג	En**hag**	I Will Drive
	ננהג	Nin**hag**	We Will Drive
	תנהג	Tin**hag**	He Will Drive
	תנהגו	Tin**hag**u	They Will Drive
	תנהגי	Tin**hag**i	You (Female) Will Drive
	תנהגנה	Tin**hag**na	You (Female, Plural) Will Drive
	ינהג	Yin**hag**	He Will Drive
	ינהגו	Yin**hag**u	They (Male) Will Drive
	תנהג	Tin**hag**	She Will Drive

	תנהגנה	Tinhagna	They (Female) Will Drive
Imperative Tense	נהג	**Nhag**	Drive!
	נהגו	Nehagu	Drive! (Plural)
	נהגי	Neh**a**gy	Drive! (Female)

To Travel

Tense	Conjugation	Transliteration	Translation
Past	נסעתי	Nasaty	I Traveled
	נסענו	Nasanu	We Traveled
	נסעת	Nasata	You (Male) Traveled
	נסעתם	Nasatem	You (Plural, Male) Traveled
	נסעת	Nasat	You (Female) Traveled
	נסעתן	Nasaten	You (Female, Plural) Traveled
	נסע	Nasa	He Traveled
	נסעה	Nas'a	She Traveled
	נסעו	Nas'u	They Traveled
Present	נוסע	Nose'a	He Is Traveling
	נוסעים	Nos'im	We Are Traveling
Future	אסע	Esa	I Will Travel
	נסע	Nisa	We Will Travel
	תסע	Tisa	He Will Travel
	תסעו	Tis'u	They Will Travel
	תסעי	Tis'i	You (Female) Will Travel
	תסענה	Tisana	You (Female, Plural) Will Travel
	יסע	Yisa	He Will Travel
	יסעו	Yisu	They (Male) Will Travel

	תסע	Tisa	She Will Travel
	תסענה	Tisana	They (Female) Will Travel
Imperative Tense	**סע**	**Sa**	Travel!
	סעו	Se'**u**	Travel! (Plural)
	סעי	Se'**y**	Travel! (Female)

To Win

Tense	Conjugation	Transliteration	Translation
Past	ניצחתי	**Ni**tzakhty	I Won
	ניצחנו	**Ni**tzakhnu	We Won
	ניצחת	**Ni**tzakhta	You (Male) Won
	ניצחתם	Nitzakh**tem**	You (Plural, Male) Won
	ניצחת	**Ni**tzakht	You (Female) Won
	ניצחתן	Nitzakh**ten**	You (Female, Plural) Won
	ניצח	Ni**tze**'akh	He Won
	ניצחה	Nitz**kha**	She Won
	ניצחו	Nitz**khu**	They Won
Present	מנצח	Mena**tze**'akh	He Is Winning
	מנצחים	Menatz**khim**	We Are Winning
Future	אנצה	Ana**tze**'akh	I Will Win
	ננצח	Nina**tze**'akh	We Will Win
	תנצח	Tena**tze**'akh	He Will Win
	תנצחו	Tenatz**khu**	They Will Win
	תנצחי	Tenatz**khi**	You (Female) Will Win
	תנצחנה	Tenatz**akh**na	You (Female, Plural) Will Win
	ינצח	Yena**tze**'akh	He Will Win
	ינצחו	Yenatz**khu**	They (Male) Will Win
	תנצח	Tena**tze**'**akh**	She Will Win

	תנצחנה	Tenat**zakh**na	They (Female) Will Win
Imperative Tense	נצח	Na**tze**'akh	Win!
	נצחו	Natz**khu**	Win! (Plural)
	נצחי	Natz**khy**	Win! (Female)

To Breathe

Tense	Conjugation	Transliteration	Translation
Past	נשמתי	Na**sham**ty	I Breathed
	נשמנו	Na**sham**nu	We Breathed
	נשמת	Na**sham**ta	You (Male) Breathed
	נשמתם	Nasham**tem**	You (Plural, Male) Breathed
	נשמת	Na**shamt**	You (Female) Breathed
	נשמתן	Nasham**ten**	You (Female, Plural) Breathed
	נשם	Na**sham**	He Breathed
	נשמה	Nash**ma**	She Breathed
	נשמו	Nash**mu**	They Breathed
Present	נושם	No**shem**	He Is Breathing
	נושמים	Nosh**mim**	We Are Breathing
Future	אנשום	En**shom**	I Will Breathe
	ננשום	Nin**shom**	We Will Breathe
	תנשום	Tin**shom**	He Will Breathe
	תנשמו	Tinshe**mu**	They Will Breathe
	תנשמי	Tinshe**mi**	You (Female) Will Breathe
	תנשמנה	Tin**shom**na	You (Female, Plural) Will Breathe
	ינשום	Yin**shom**	He Will Breathe
	ינשמו	Yinshe**mu**	They (Male) Will Breathe

		תנשום	Tinshom	She Will Breathe
		תנשמנה	Tinshomna	They (Female) Will Breathe
Imperative Tense		נשום	Nshom	Breathe!
		נשמו	Nishmu	Breathe! (Plural)
		נשמי	Nishmy	Breathe! (Female)

To Kiss

Tense	Conjugation	Transliteration	Translation
Past	נישקתי	Nishakty	I Kissed
	נישקנו	Nishaknu	We Kissed
	נישקת	Nishakta	You (Male) Kissed
	נישקתם	Nishaktem	You (Plural, Male) Kissed
	נישקת	Nishakt	You (Female) Kissed
	נישקתן	Nishakten	You (Female, Plural) Kissed
	נישק	Nishek	He Kissed
	נישקה	Nishka	She Kissed
	נישקו	Nishku	They Kissed
Present	מנשק	Menashek	He Is Kissing
	מנשקים	Menashkim	We Are Kissing
Future	אנשק	Anashek	I Will Kiss
	ננשק	Nenashek	We Will Kiss
	תנשק	Tenashek	He Will Kiss
	תנשקו	Tenashku	They Will Kiss
	תנשקי	Tenashki	You (Female) Will Kiss
	תנשקנה	Tenashekna	You (Female, Plural) Will Kiss
	ינשק	Yenashek	He Will Kiss
	ינשקו	Yenashku	They (Male) Will Kiss
	תנשק	Tenashek	She Will Kiss

	תנשקנה	Tenashekna	They (Female) Will Kiss
Imperative Tense	נשק	**Na**shek	Kiss!
	נשקו	**Nash**ku	Kiss! (Plural)
	נשקי	**Nash**ky	Kiss! (Female)

To Close

Tense	Conjugation	Transliteration	Translation
Past	סגרתי	Sagarty	I Closed
	סגרנו	Sagarnu	We Closed
	סגרת	Sagarta	You (Male) Closed
	סגרתם	Sagartem	You (Plural, Male) Closed
	סגרת	Sagart	You (Female) Closed
	סגרתן	Sagarten	You (Female, Plural) Closed
	סגר	Sagar	He Closed
	סגרה	Sagra	She Closed
	סגרו	Sagru	They Closed
Present	סוגר	Soger	He Is Closing
	סוגרים	Sogrim	We Are Closing
Future	אסגור	Esgor	I Will Close
	נסגור	Nisgor	We Will Close
	תסגור	Tisgor	He Will Close
	תסגרו	Tisgeru	They Will Close
	תסגרי	Tisgeri	You (Female) Will Close
	תסגרנה	Tisgorna	You (Female, Plural) Will Close
	יסגור	Yisgor	He Will Close
	יסגרו	Yisgeru	They (Male) Will Close
	תסגור	Tisgor	She Will Close

	תסגורנה	Tisgor**na**	They (Female) Will Close
Imperative Tense	סגור	S**gor**	Close!
	סגרו	Sig**ru**	Close! (Plural)
	סגרי	Sig**ry**	Close! (Female)

To Finish

Tense	Conjugation	Transliteration	Translation
Past	סיימתי	Sie**yam**ty	I Finished
	סיימנו	Si**yam**nu	We Finished
	סיימת	Si**yam**ta	You (Male) Finished
	סיימתם	Siyam**tem**	You (Plural, Male) Finished
	סיימת	Si**yam**t	You (Female) Finished
	סיימתן	Siyam**ten**	You (Female, Plural) Finished
	סיים	Si**yem**	He Finished
	סיימה	Si**yem**a	She Finished
	סיימו	Si**yem**u	They Finished
Present	מסיים	Mesa**yem**	He Is Finishing
	מסיימים	Mesay**mim**	We Are Finishing
Future	אסיים	Asa**yem**	I Will Finish
	נסיים	Nesa**yem**	We Will Finish
	תסיים	Tesa**yem**	He Will Finish
	תסיימו	Tesay**mu**	They Will Finish
	תסיימי	Tesay**mi**	You (Female) Will Finish
	תסיימנה	Tesa**yem**na	You (Female, Plural) Will Finish
	יסיים	Yesa**yem**	He Will Finish
	יסיימו	Yesay**mu**	They (Male) Will Finish
	תסיים	Tesa**yem**	She Will Finish

	תסיימנה	Tesa**yem**na	They (Female) Will Finish
Imperative Tense	סיים	Sa**yem**	Finish!
	סיימו	Say**mu**	Finish! (Plural)
	סיימי	Say**my**	Finish! (Female)

To Work

Tense	Conjugation	Transliteration	Translation
Past	עבדתי	A**vade**ty	I Worked
	עבדנו	A**vad**nu	We Worked
	עבדת	A**vade**ta	You (Male) Worked
	עבדתם	A**vade**tem	You (Plural, Male) Worked
	עבדת	A**vadet**	You (Female) Worked
	עבדתן	A**vade**ten	You (Female, Plural) Worked
	עבד	A**vad**	He Worked
	עבדה	Av**da**	She Worked
	עבדו	Av**du**	They Worked
Present	עובד	O**ved**	He Is Working
	עובדים	Ov**dim**	We Are Working
Future	אעבוד	E'e**vod**	I Will Work
	נעבוד	Na'a**vod**	We Will Work
	תעבוד	Ta'a**vod**	He Will Work
	תעבדו	Ta'av**du**	They Will Work
	תעבדי	Ta'av**di**	You (Female) Will Work
	תעבדנה	Ta'avod**na**	You (Female, Plural) Will Work
	יעבוד	Ya'a**vod**	He Will Work
	יעבו	Ya'av**du**	They (Male) Will Work
	תעבוד	Ta'a**vod**	She Will Work

	תעבודנה	Ta'avodna	They (Female) Will Work
Imperative Tense	**עבוד**	**Avod**	Work!
	עבדו	Ivdu	Work! (Plural)
	עבדי	Iv**dy**	Work! (Female)

To Fly

Tense	Conjugation	Transliteration	Translation
Past	עפתי	Af**ty**	I Flew
	עפנו	Af**nu**	We Flew
	עפת	Af**ta**	You (Male) Flew
	עפתם	Af**tem**	You (Plural, Male) Flew
	עפת	Af**t**	You (Female) Flew
	עפתן	Af**ten**	You (Female, Plural) Flew
	עף	Af	He Flew
	עפה	Af**a**	She Flew
	עפו	Af**u**	They Flew
Present	עף	Af	He Is Flying
	עפים	Af**im**	We Are Flying
Future	אעוף	A'uf	I Will Fly
	נעוף	Na'**uf**	We Will Fly
	תעוף	Ta'**uf**	He Will Fly
	תעופו	Ta'**ufu**	They Will Fly
	תעופי	Ta'**ufi**	You (Female) Will Fly
	תעפנה	Ta'**of**na	You (Female, Plural) Will Fly
	יעוף	Ya'**uf**	He Will Fly
	יעופו	Ya'**ufu**	They (Male) Will Fly
	תעוף	Ta'**uf**	She Will Fly
	תעפנה	Ta'**uf**na	They (Female) Will Fly

Imperative Tense	עוּף	**U**f	Fly!
	עוּפוּ	**U**fu	Fly! (Plural)
	עוּפִי	**U**fy	Fly! (Female)

To Go

Tense	Conjugation	Transliteration	Translation
Past	עזבתי	A**zav**ty	I Went
	עזבנו	A**zav**nu	We Went
	עזבת	A**zav**ta	You (Male) Went
	עזבתם	Azav**tem**	You (Plural, Male) Went
	עזבת	A**zav**t	You (Female) Went
	עזבתן	Azav**ten**	You (Female, Plural) Went
	עזב	A**zav**	He Went
	עזבה	A**z**va	She Went
	עזבו	Az**vu**	They Went
Present	עוזב	O**zev**	He Is Going
	עוזבים	Oz**vim**	We Are Going
Future	אעזוב	E'e**zov**	I Will Go
	נעזוב	Ne'e**zov**	We Will Go
	תעזוב	Ta'a**zov**	He Will Go
	תעזבו	Ta'az**vu**	They Will Go
	תעזבי	Ta'az**vi**	You (Female) Will Go
	תעזובנה	Ta'a**zov**na	You (Female, Plural) Will Go
	יעזוב	Ya'a**zov**	He Will Go
	יעזבו	Ya'az**vu**	They (Male) Will Go
	תעזוב	Ta'a**zov**	She Will Go
	תעזובנה	Ta'a**zov**na	They (Female) Will Go

Imperative Tense	עזוב	**Azov**	Go!
	עזבו	**Iz**vu	Go! (Plural)
	עזבי	Az**vy**	Go! (Female)

To Help

Tense	Conjugation	Transliteration	Translation
Past	עזרתי	Azarty	I Helped
	עזרנו	Azarnu	We Helped
	עזרת	Azarta	You (Male) Helped
	עזרתם	Azartem	You (Plural, Male) Helped
	עזרת	Azart	You (Female) Helped
	עזרתן	Azarten	You (Female, Plural) Helped
	עזר	Azar	He Helped
	עזרה	Azra	She Helped
	עזרו	Azru	They Helped
Present	עוזר	Ozer	He Is Helping
	עוזרים	Ozrim	We Are Helping
Future	אעזור	E'ezor	I Will Help
	נעזור	Ne'ezor	We Will Help
	תעזור	Ta'azor	He Will Help
	תעזרו	Ta'azru	They Will Help
	תעזרי	Ta'azri	You (Female) Will Help
	תעזרנה	Ta'azorna	You (Female, Plural) Will Help
	יעזור	Ya'azor	He Will Help
	יעזרו	Ya'azru	They (Male) Will Help
	תעזור	Ta'azor	She Will Help

	תעזורנה	Ta'azorna	They (Female) Will Help
Imperative Tense	עזור	**Azor**	Help!
	עזרו	**Izru**	Help! (Plural)
	עזרי	**Izry**	Help! (Female)

To Stand

Tense	Conjugation	Transliteration	Translation
Past	עמדתי	Amadety	I Stood
	עמדנו	Amadnu	We Stood
	עמדת	Amadeta	You (Male) Stood
	עמדתם	Amadetem	You (Plural, Male) Stood
	עמדת	Amadet	You (Female) Stood
	עמדתן	Amadeten	You (Female, Plural) Stood
	עמד	Amad	He Stood
	עמדה	Amda	She Stood
	עמדו	Amdu	They Stood
Present	עומד	Omed	He Is Standing
	עומדים	Omdim	We Are Standing
Future	אעמוד	E'emod	I Will Stand
	נעמוד	Na'amod	We Will Stand
	תעמוד	Ta'amod	He Will Stand
	תעמדו	Ta'amdu	They Will Stand
	תעמדי	Ta'amdi	You (Female) Will Stand
	תעמדנה	Ta'amodna	You (Female, Plural) Will Stand
	יעמוד	Ya'amod	He Will Stand
	יעמדו	Ya'amdu	They (Male) Will Stand
	תעמוד	Ta'amod	She Will Stand

		תעמודנה	Ta'amodna	They (Female) Will Stand
Imperative Tense		עמוד	**Amod**	Stand!
		עמדו	Im**du**	Stand! (Plural)
		עמדי	Im**dy**	Stand! (Female)

To Do

Tense	Conjugation	Transliteration	Translation
Past	עשיתי	Asity	I Did
	עשינו	Asinu	We Did
	עשית	Asita	You (Male) Did
	עשיתם	Asitem	You (Plural, Male) Did
	עשית	Asit	You (Female) Did
	עשיתן	Asiten	You (Female, Plural) Did
	עשה	Asa	He Did
	עשתה	Asta	She Did
	עשו	Asu	They Did
Present	עושה	Ose	He Is Doing
	עושים	Osim	We Are Doing
Future	אעשה	E'ese	I Will Do
	נעשה	Na'ase	We Will Do
	תעשה	Ta'ase	He Will Do
	תעשו	Ta'asu	They Will Do
	תעשי	Ta'asi	You (Female) Will Do
	תעשנה	Ta'asena	You (Female, Plural) Will Do
	יעשה	Ya'ase	He Will Do
	יעשו	Ya'asu	They (Male) Will Do
	תעשה	Ta'ase	She Will Do
	תעשנה	Ta'asena	They (Female) Will Do

Imperative Tense	עשה	Ase	Do!
	עשו	Asu	Do! (Plural)
	עשי	Asy	Do! (Female)

To Meet

Tense	Conjugation	Transliteration	Translation
Past	פגשתי	Pa**gash**ty	I Met
	פגשנו	Pa**gash**nu	We Met
	פגשת	Pa**gash**ta	You (Male) Met
	פגשתם	Pagsh**tem**	You (Plural, Male) Met
	פגשת	Pa**gash**t	You (Female) Met
	פגשתן	Pagsh**ten**	You (Female, Plural) Met
	פגש	Pa**gash**	He Met
	פגשה	Pag**sha**	She Met
	פגשו	Pag**shu**	They Met
Present	פוגש	Po**gesh**	He Is Meeting
	פוגשים	Pog**shim**	We Are Meeting
Future	אפגוש	Ef**gosh**	I Will Meet
	נפגוש	Nif**gosh**	We Will Meet
	תפגוש	Tif**gosh**	He Will Meet
	תפגשו	Tifge**shu**	They Will Meet
	תפגשי	Tifge**shi**	You (Female) Will Meet
	תפגשנה	Tif**gosh**na	You (Female, Plural) Will Meet
	יפגוש	Yif**gosh**	He Will Meet
	יפגשו	Yifge**shu**	They (Male) Will Meet
	תפגוש	Tif**gosh**	She Will Meet

	תפגושנה	Tifgoshna	They (Female) Will Meet
Imperative Tense	פגוש	Pgosh	Meet!
	פגשו	Pigshu	Meet! (Plural)
	פגשי	Pigshy	Meet! (Female)

To Open

Tense	Conjugation	Transliteration	Translation
Past	פתחתי	Pa**takh**ty	I Opened
	פתחנו	Pa**takh**nu	We Opened
	פתחת	Pa**takh**ta	You (Male) Opened
	פתחתם	Pa**takh**tem	You (Plural, Male) Opened
	פתחת	Pa**takh**t	You (Female) Opened
	פתחתן	Pa**takh**ten	You (Female, Plural) Opened
	פתח	Pa**takh**	He Opened
	פתחה	Pat**kha**	She Opened
	פתחו	Pat**khu**	They Opened
Present	פותח	Po**te**akh	He Is Opening
	פותחים	Pot**khim**	We Are Opening
Future	אפתח	E**ftakh**	I Will Open
	נפתח	Ni**ftakh**	We Will Open
	תפתח	Ti**ftakh**	He Will Open
	תפתחו	Tifte**khu**	They Will Open
	תפתחי	Tifte**khi**	You (Female) Will Open
	תפתחנה	Ti**ftakh**na	You (Female, Plural) Will Open
	יפתח	Yi**ftakh**	He Will Open
	יפתחו	Yifte**khu**	They (Male) Will Open
	תפתח	Ti**ftakh**	She Will Open

	תפתחנה	Tiftakhna	They (Female) Will Open
Imperative Tense	פתח	**Ptakh**	Open!
	פתחו	**Pitkhu**	Open! (Plural)
	פתחי	**Pitkhi**	Open! (Female)

To Exit

Tense	Conjugation	Transliteration	Translation
Past	יצאתי	Yatzaty	I Exited
	יצאנו	Yatzanu	We Exited
	יצאת	Yatzata	You (Male) Exited
	יצאתם	Yatzatem	You (Plural, Male) Exited
	יצאת	Yatzat	You (Female) Exited
	יצאתן	Yatzaten	You (Female, Plural) Exited
	יצא	Yatza	He Exited
	יצאה	Yatz'a	She Exited
	יצאו	Yatzu	They Exited
Present	יוצא	Yotze	He Is Exiting
	יוצאים	Yotzim	We Are Exiting
Future	אצא	Etze	I Will Exit
	נצא	Netze	We Will Exit
	תצא	Titze	He Will Exit
	תצאו	Titzu	They Will Exit
	תצאי	Tetzi	You (Female) Will Exit
	תצאנה	Titzena	You (Female, Plural) Will Exit
	יצא	Yitze	He Will Exit
	יצאו	Yitzu	They (Male) Will Exit
	תצא	Titze	She Will Exit

	תצאנה	Titzena	They (Female) Will Exit
Imperative Tense	**צא**	**Tze**	Exit!
	צאו	Tz'u	Exit! (Plural)
	צאי	Tz'y	Exit! (Female)

To Laugh

Tense	Conjugation	Transliteration	Translation
Past	צחקתי	Tza**khak**ty	I Laughed
	צחקנו	Tza**khak**nu	We Laughed
	צחקת	Tza**khak**ta	You (Male) Laughed
	צחקתם	Tzakhak**tem**	You (Plural, Male) Laughed
	צחקת	Tza**khakt**	You (Female) Laughed
	צחקתן	Tzakhak**ten**	You (Female, Plural) Laughed
	צחק	Tza**khak**	He Laughed
	צחקה	Tzakha**ka**	She Laughed
	צחקו	Tzakha**ku**	They Laughed
Present	צוחק	Tzo**khek**	He Is Laughing
	צוחקים	Tzo**kha**kim	We Are Laughing
Future	אצחק	Etz**khak**	I Will Laugh
	נצחק	Nitz**khak**	We Will Laugh
	תצחק	Titz**khak**	He Will Laugh
	תצחקו	Titz**kha**ku	They Will Laugh
	תצחקי	Titz**khe**ki	You (Female) Will Laugh
	תצחקנה	Titz**kha**kna	You (Female, Plural) Will Laugh
	יצחק	Yitz**khak**	He Will Laugh
	יצחקו	Yitz**kha**ku	They (Male) Will Laugh

		תצחק	Titz**khak**	She Will Laugh
		תצחקנה	Titz**khak**na	They (Female) Will Laugh
Imperative Tense		צחק	Tz**khak**	Laugh!
		צחקו	Tzikh**ku**	Laugh! (Plural)
		צחקי	Tzikh**ky**	Laugh! (Female)

To Scream

Tense	Conjugation	Transliteration	Translation
Past	צעקתי	Tza'akty	I Screamed
	צעקנו	Tza'aknu	We Screamed
	צעקת	Tza'akta	You (Male) Screamed
	צעקתם	Tza'aktem	You (Plural, Male) Screamed
	צעקת	Tza'akt	You (Female) Screamed
	צעקתן	Tza'akten	You (Female, Plural) Screamed
	צעק	Tza'ak	He Screamed
	צעקה	Tza'aka	She Screamed
	צעקו	Tza'aku	They Screamed
Present	צועק	Tzo'ek	He Is Screaming
	צועקים	Tzo'akim	We Are Screaming
Future	אצעק	Etzak	I Will Scream
	נצעק	Nitzak	We Will Scream
	תצעק	Titzak	He Will Scream
	תצעקו	Titzaku	They Will Scream
	תצעקי	Titza'aki	You (Female) Will Scream
	תצעקנה	Titzakna	You (Female, Plural) Will Scream
	יצעק	Yitzak	He Will Scream
	יצעקו	Yitzaku	They (Male) Will Scream

	תצעק	Titz**ak**	She Will Scream
	תצעקנה	Titz**ak**na	They (Female) Will Scream
Imperative Tense	צעק	Tz**ak**	Scream!
	צעקו	Tz**ak**u	Scream! (Plural)
	צעקי	Tz**ak**y	Scream! (Female)

To Receive

Tense	Conjugation	Transliteration	Translation
Past	קיבלתי	Ki**bal**ty	I Received
	קיבלנו	Ki**bal**nu	We Received
	קיבלת	Ki**bal**ta	You (Male) Received
	קיבלתם	Ki**bal**tem	You (Plural, Male) Received
	קיבלת	Ki**balt**	You (Female) Received
	קיבלתן	Ki**bal**ten	You (Female, Plural) Received
	קיבל	Ki**bel**	He Received
	קיבלה	Ki**bla**	She Received
	קיבלו	Ki**blu**	They Received
Present	מקבל	Meka**bel**	He Is Receiving
	מקבלים	Mekab**lim**	We Are Receiving
Future	אקבל	Aka**bel**	I Will Receive
	נקבל	Neka**bel**	We Will Receive
	תקבל	Teka**bel**	He Will Receive
	תקבלו	Teka**blu**	They Will Receive
	תקבלי	Teka**bli**	You (Female) Will Receive
	תקבלנה	Teka**bel**na	You (Female, Plural) Will Receive
	יקבל	Yeka**bel**	He Will Receive
	יקבלו	Yeka**blu**	They (Male) Will Receive

	תקבל	Tekabel	She Will Receive
	תקבלנה	Teka**bel**na	They (Female) Will Receive
Imperative Tense	קבל	Ka**bel**	Receive!
	קבלו	Ka**blu**	Receive! (Plural)
	קבלי	Ka**bly**	Receive! (Female)

To Get Up

Tense	Conjugation	Transliteration	Translation
Past	קמתי	**Kam**ty	I Got Up
	קמנו	**Kam**nu	We Got Up
	קמת	**Kam**ta	You (Male) Got Up
	קמתם	**Kam**tem	You (Plural, Male) Got Up
	קמת	**Kam**t	You (Female) Got Up
	קמתן	**Kam**ten	You (Female, Plural) Got Up
	קם	**Kam**	He Got Up
	קמה	**Ka**ma	She Got Up
	קמו	**Ka**mu	They Got Up
Present	קם	**Kam**	He Is Getting Up
	קמים	**Ka**mim	We Are Getting Up
Future	אקום	A**kum**	I Will Get Up
	נקום	Na**kum**	We Will Get Up
	תקום	Ta**kum**	He Will Get Up
	תקומו	Ta**kum**u	They Will Get Up
	תקומי	Ta**kum**i	You (Female) Will Get Up
	תקמנה	Ta**kum**na	You (Female, Plural) Will Get Up
	יקום	Ya**kum**	He Will Get Up
	יקומו	Ya**kum**u	They (Male) Will Get Up
	תקום	Ta**kum**	She Will Get Up

	תקומנה	Ta**kum**na	They (Female) Will Get Up
Imperative Tense	**קום**	**Kum**	Getup!
	קומו	**Ku**mu	Getup! (Plural)
	קומי	**Ku**my	Getup! (Female)

To Take

Tense	Conjugation	Transliteration	Translation
Past	לקחתי	La**kakh**ty	I Took
	לקחנו	La**kakh**nu	We Took
	לקחת	La**kakh**ta	You (Male) Took
	לקחתם	Lakakh**tem**	You (Plural, Male) Took
	לקחת	La**kakh**t	You (Female) Took
	לקחתן	Lakakh**ten**	You (Female, Plural) Took
	לקח	La**kakh**	He Took
	לקחה	Lak**kha**	She Took
	לקחו	Lak**khu**	They Took
Present	לוקח	Lo**ke'akh**	He Is Taking
	לוקחים	Lok**khim**	We Are Taking
Future	אקח	E**kakh**	I Will Take
	נקח	Ni**kakh**	We Will Take
	תקח	Ti**kakh**	He Will Take
	תקחו	Tik**khu**	They Will Take
	תקחי	Tik**khi**	You (Female) Will Take
	תקחנה	Ti**kakh**na	You (Female, Plural) Will Take
	יקח	Yi**kakh**	He Will Take
	יקחו	Yik**khu**	They (Male) Will Take
	תקח	Ti**kakh**	She Will Take

	תקחנה	Tikakhna	They (Female) Will Take
Imperative Tense	קח	**Kakh**	Take!
	קחו	**Kkhu**	Take! (Plural)
	קחי	**Kkhy**	Take! (Female)

To Buy

Tense	Conjugation	Transliteration	Translation
Past	קניתי	Kanity	I Bought
	קנינו	Kaninu	We Bought
	קנית	Kanita	You (Male) Bought
	קניתם	Kanitem	You (Plural, Male) Bought
	קנית	Kanit	You (Female) Bought
	קניתן	Kaniten	You (Female, Plural) Bought
	קנה	Kana	He Bought
	קנתה	Kanta	She Bought
	קנו	Kanu	They Bought
Present	קונה	Kone	He Is Buying
	קונים	Konim	We Are Buying
Future	אקנה	Ekne	I Will Buy
	נקנה	Nikne	We Will Buy
	תקנה	Tikne	He Will Buy
	תקנו	Tiknu	They Will Buy
	תקני	Tikni	You (Female) Will Buy
	תקננה	Tiknena	You (Female, Plural) Will Buy
	יקנה	Yikne	He Will Buy
	יקנו	Yiknu	They (Male) Will Buy
	תקנה	Tikne	She Will Buy

	תקנֶנה	Tiknena	They (Female) Will Buy
Imperative Tense	**קנה**	**Kne**	Buy!
	קנו	**Knu**	Buy! (Plural)
	קני	**Kny**	Buy! (Female)

To Read

Tense	Conjugation	Transliteration	Translation
Past	קראתי	Kara**ty**	I Read
	קראנו	Kara**nu**	We Read
	קראת	Kara**ta**	You (Male) Read
	קראתם	Kara**tem**	You (Plural, Male) Read
	קראת	Ka**rat**	You (Female) Read
	קראתן	Kara**ten**	You (Female, Plural) Read
	קרא	Kara	He Read
	קראה	Kar'**a**	She Read
	קראו	Kar'**u**	They Read
Present	קורא	Kor**e**	He Is Reading
	קוראים	Kor'**im**	We Are Reading
Future	אקרא	Ek**ra**	I Will Read
	נקרא	Nik**ra**	We Will Read
	תקרא	Tik**ra**	He Will Read
	תקראו	Tik**re**'u	They Will Read
	תקראי	Tik**re**'i	You (Female) Will Read
	תקראנה	Tik**ra**na	You (Female, Plural) Will Read
	יקרא	Yik**ra**	He Will Read
	יקראו	Yik**re**'u	They (Male) Will Read
	תקרא	Tik**ra**	She Will Read

	תקראנה	Tikrana	They (Female) Will Read
Imperative Tense	**קרא**	**Kra**	Read!
	קראו	Kir'**u**	Read! (Plural)
	קראי	Kir'**y**	Read! (Female)

To Happen

Tense	Conjugation	Transliteration	Translation
Past	קרה	Ka**ra**	He Happened
	קרתה	Kar**ta**	She Happened
	קרו	Ka**ru**	They Happened
Present	קורה	Ko**re**	He Is Happening
	קורים	Ko**rim**	We Are Happening
Future	תקרה	Tik**re**	He Will Happen
	תקרו	Tik**ru**	They Will Happen
	תקרי	Tik**ri**	You (Female) Will Happen
	תקרנה	Tik**re**na	You (Female, Plural) Will Happen
	יקרה	Yik**re**	He Will Happen
	יקרו	Yik**ru**	They (Male) Will Happen
	תקרה	Tik**re**	She Will Happen
	תקרנה	Tik**re**na	They (Female) Will Happen

To See

Tense	Conjugation	Transliteration	Translation
Past	ראיתי	Ra'ity	I Saw
	ראינו	Ra'inu	We Saw
	ראית	Ra'ita	You (Male) Saw
	ראיתם	Ra'item	You (Plural, Male) Saw
	ראית	Ra'it	You (Female) Saw
	ראיתן	Ra'iten	You (Female, Plural) Saw
	ראה	Ra'a	He Saw
	ראתה	Ra'ata	She Saw
	ראו	Ra'u	They Saw
Present	רואה	Ro'e	He Is Seeing
	רואים	Ro'im	We Are Seeing
Future	אראה	Ere	I Will See
	נראה	Nire	We Will See
	תראה	Tire	He Will See
	תראו	Tir'u	They Will See
	תראי	Tir'i	You (Female) Will See
	תראנה	Tir'ena	You (Female, Plural) Will See
	יראה	Yir'e	He Will See
	יראו	Yir'u	They (Male) Will See
	תראה	Tir'e	She Will See
	תראנה	Tir'ena	They (Female) Will See

Imperative Tense	ראה	Re'e	See!
	ראו	Re'u	See! (Plural)
	ראי	Re'y	See! (Female)

To Run

Tense	Conjugation	Transliteration	Translation
Past	רצתי	**Ratz**ty	I Ran
	רצנו	**Ratz**nu	We Ran
	רצת	**Ratz**ta	You (Male) Ran
	רצתם	Ratz**tem**	You (Plural, Male) Ran
	רצת	**Ratzt**	You (Female) Ran
	רצתן	Ratz**ten**	You (Female, Plural) Ran
	רץ	**Ratz**	He Ran
	רצה	**Ra**tza	She Ran
	רצו	**Ra**tzu	They Ran
Present	רץ	**Ratz**	He Is Running
	רצים	**Ra**tzim	We Are Running
Future	ארוץ	Arutz	I Will Run
	נרוץ	Narutz	We Will Run
	תרוץ	Tarutz	He Will Run
	תרוצו	Tarutzu	They Will Run
	תרוצי	Tarutzi	You (Female) Will Run
	תרצנה	Tarutzna	You (Female, Plural) Will Run
	ירוץ	Yarutz	He Will Run
	ירוצו	Yarutzu	They (Male) Will Run
	תרוץ	Tarutz	She Will Run

		תרוצנה	Tarutzna	They (Female) Will Run
Imperative Tense		רוץ	**Rutz**	Run!
		רוצו	**Rutzu**	Run! (Plural)
		רוצי	**Rutzy**	Run! (Female)

To Want

Tense	Conjugation	Transliteration	Translation
Past	רציתי	Ratzity	I Wanted
	רצינו	Ratzinu	We Wanted
	רצית	Ratzita	You (Male) Wanted
	רציתם	Ratzitem	You (Plural, Male) Wanted
	רצית	Ratzit	You (Female) Wanted
	רציתן	Ratziten	You (Female, Plural) Wanted
	רצה	Ratza	He Wanted
	רצתה	Ratzta	She Wanted
	רצו	Ratzu	They Wanted
Present	רוצה	Rotze	He Is Wanting
	רוצים	Rotzim	We Are Wanting
Future	ארצה	Ertze	I Will Want
	נרצה	Nirtze	We Will Want
	תרצה	Tirtze	He Will Want
	תרצו	Tirtzu	They Will Want
	תרצי	Tirtzi	You (Female) Will Want
	תרצנה	Tirtzena	You (Female, Plural) Will Want
	ירצה	Yirtze	He Will Want
	ירצו	Yirtzu	They (Male) Will Want
	תרצה	Tirtze	She Will Want

	תרצנה	Tirtzena	They (Female) Will Want
Imperative Tense	רצה	Retze	Want!
	רצו	Retzu	Want! (Plural)
	רצי	Retzy	Want! (Female)

To Dance

Tense	Conjugation	Transliteration	Translation
Past	רקדתי	Ra**ka**dety	I Danced
	רקדנו	Ra**ka**dnu	We Danced
	רקדת	Ra**ka**deta	You (Male) Danced
	רקד**תם**	Rakade**tem**	You (Plural, Male) Danced
	רקדת	Ra**ka**det	You (Female) Danced
	רקד**תן**	Rakade**ten**	You (Female, Plural) Danced
	רק**ד**	Ra**kad**	He Danced
	רק**דה**	Rak**da**	She Danced
	רק**דו**	Rak**du**	They Danced
Present	רו**קד**	Ro**ked**	He Is Dancing
	רוק**דים**	Rok**dim**	We Are Dancing
Future	ארקוד	Er**kod**	I Will Dance
	נרקוד	Nir**kod**	We Will Dance
	תרקוד	Tir**kod**	He Will Dance
	תרק**דו**	Tirke**du**	They Will Dance
	תרק**די**	Tirke**di**	You (Female) Will Dance
	תר**קד**נה	Tir**kod**na	You (Female, Plural) Will Dance
	יר**קוד**	Yir**kod**	He Will Dance
	יר**קדו**	Yirke**du**	They (Male) Will Dance
	תר**קוד**	Tir**kod**	She Will Dance

	תרקודנה	Tirkodna	They (Female) Will Dance
Imperative Tense	רקוד	Rekod	Dance!
	רקדו	Rikdu	Dance! (Plural)
	רקדי	Rikdy	Dance! (Female)

To Ask

Tense	Conjugation	Transliteration	Translation
Past	שאלתי	Sha'alty	I Asked
	שאלנו	Sha'alnu	We Asked
	שאלת	Sha'alta	You (Male) Asked
	שאלתם	Sha'altem	You (Plural, Male) Asked
	שאלת	Sha'alt	You (Female) Asked
	שאלתן	Sha'alten	You (Female, Plural) Asked
	שאל	Sha'al	He Asked
	שאלה	Sha'ala	She Asked
	שאלו	Sha'alu	They Asked
Present	שואל	Sho'el	He Is Asking
	שואלים	Sho'alim	We Are Asking
Future	אשאל	Esh'al	I Will Ask
	נשאל	Nish'al	We Will Ask
	תשאל	Tish'al	He Will Ask
	תשאלו	Tish'alu	They Will Ask
	תשאלי	Tish'ali	You (Female) Will Ask
	תשאלנה	Tish'alna	You (Female, Plural) Will Ask
	ישאל	Yish'al	He Will Ask
	ישאלו	Yish'alu	They (Male) Will Ask
	תשאל	Tish'al	She Will Ask

	תשאלנה	Tish'**al**na	They (Female) Will Ask
Imperative Tense	שאל	Sh'**al**	Ask!
	שאלו	Sh'**alu**	Ask! (Plural)
	שאלי	Sh'**aly**	Ask! (Female)

To Break

Tense	Conjugation	Transliteration	Translation
Past	שברתי	Sha**var**ty	I Broke
	שברנו	Sha**var**nu	We Broke
	שברת	Sha**var**ta	You (Male) Broke
	שברתם	Shavar**tem**	You (Plural, Male) Broke
	שברת	Sha**var**t	You (Female) Broke
	שברתן	Shavar**ten**	You (Female, Plural) Broke
	שבר	Sha**var**	He Broke
	שברה	Shav**ra**	She Broke
	שברו	Shav**ru**	They Broke
Present	שובר	Sho**ver**	He Is Braking
	שוברים	Shov**rim**	We Are Braking
Future	אשבור	Esh**bor**	I Will Break
	נשבור	Nish**bor**	We Will Break
	תשבור	Tish**bor**	He Will Break
	תשברו	Tishbe**ru**	They Will Break
	תשברי	Tishbe**ri**	You (Female) Will Break
	תשברנה	Tish**bor**na	You (Female, Plural) Will Break
	ישבור	Yish**bor**	He Will Break
	ישברו	Yishbe**ru**	They (Male) Will Break
	תשבור	Tish**bor**	She Will Break

		תשבורנה	Tishborna	They (Female) Will Break
Imperative Tense		שבור	Shbor	Break!
		שברו	Shivru	Break! (Plural)
		שברי	Shivry	Break! (Female)

To Play

Tense	Conjugation	Transliteration	Translation
Past	שיחקתי	Shi**khak**ty	I Played
	שיחקנו	Si**khak**nu	We Played
	שיחקת	Si**khak**ta	You (Male) Played
	שיחק**תם**	Sikhak**tem**	You (Plural, Male) Played
	שי**חק**ת	Si**khak**t	You (Female) Played
	שיחק**תן**	Sikhak**ten**	You (Female, Plural) Played
	שי**חק**	Si**khek**	He Played
	שיחקה	Si**khka**	She Played
	שיח**קו**	Sikh**ku**	They Played
Present	משחק	Mesa**khek**	He Is Playing
	משחקים	Mesa**kha**kim	We Are Playing
Future	אשחק	Asa**khek**	I Will Play
	נשחק	Nesa**khek**	We Will Play
	תשחק	Tesa**khek**	He Will Play
	תשחקו	Tesa**kha**ku	They Will Play
	תשחקי	Tesa**kha**ki	You (Female) Will Play
	תשחקנה	Tesa**khek**na	You (Female, Plural) Will Play
	ישחק	Yesa**khek**	He Will Play
	ישחקו	Yesakh**ku**	They (Male) Will Play
	תשחק	Tesa**khek**	She Will Play

	תשחקנה	Tesakhekna	They (Female) Will Play
Imperative Tense	שחק	**Sakhek**	Play!
	שחקו	**Sakhaku**	Play! (Plural)
	שחקי	**Sakhaky**	Play! (Female)

To Notice

Tense	Conjugation	Transliteration	Translation
Past	שמתי לב	**Sam**ty Lev	I Noticed
	שמנו לב	**Sam**nu Lev	We Noticed
	שמת לב	**Sam**ta Lev	You (Male) Noticed
	שמתם לב	Sam**tem** Lev	You (Plural, Male) Noticed
	שמת לב	**Samt** Lev	You (Female) Noticed
	שמתן לב	Samt Leven	You (Female, Plural) Noticed
	שם לב	**Sam** Lev	He Noticed
	שמה לב	**Sam**a Lev	She Noticed
	שמו לב	**Sam**u Lev	They Noticed
Present	שם לב	**Sam** Lev	He Is Noticing
	שמים לב	**Sam**im Lev	We Are Noticing
Future	אשים לב	A**sim** Lev	I Will Notice
	נשים לב	Na**sim** Lev	We Will Notice
	תשים לב	Ta**sim** Lev	He Will Notice
	תשימו לב	Ta**sim**u Lev	They Will Notice
	תשימי לב	Ta**sim**i Lev	You (Female) Will Notice
	תשמנה לב	Ti**sim** Levna	You (Female, Plural) Will Notice
	ישים לב	Ya**sim** Lev	He Will Notice
	ישימו לב	Ya**sim**u Lev	They (Male) Will Notice
	תשים לב	Ti**sim** Lev	She Will Notice

	תשמנה לב	Tisemna Lev	They (Female) Will Notice
Imperative Tense	שים לב	**Sim** Lev	Notice!
	שימו לב	**Si**mu Lev	Notice! (Plural)
	שימי לב	**Si**mi Lev	Notice! (Female)

To Sing

Tense	Conjugation	Transliteration	Translation
Past	שרתי	**Shar**ty	I Sang
	שרנו	**Shar**nu	We Sang
	שרת	**Shar**ta	You (Male) Sang
	שרתם	**Shar**tem	You (Plural, Male) Sang
	שרת	**Shar**t	You (Female) Sang
	שרתן	**Shar**ten	You (Female, Plural) Sang
	שר	**Shar**	He Sang
	שרה	**Shar**a	She Sang
	שרו	**Shar**u	They Sang
Present	שר	**Shar**	He Is Singing
	שרים	**Shar**im	We Are Singing
Future	אשיר	A**shir**	I Will Sing
	נשיר	Na**shir**	We Will Sing
	תשיר	Ta**shir**	He Will Sing
	תשירו	Ta**shir**u	They Will Sing
	תשירי	Ta**shir**i	You (Female) Will Sing
	תשירנה	Ta**shir**na	You (Female, Plural) Will Sing
	ישיר	Ya**shir**	He Will Sing
	ישירו	Ya**shir**u	They (Male) Will Sing
	תשיר	Ta**shir**	She Will Sing

	תשירנה	Tasher**na**	They (Female) Will Sing
Imperative Tense	**שיר**	**Shir**	Sing!
	שירו	**Shi**ru	Sing! (Plural)
	שירי	**Shi**ry	Sing! (Female)

To Lie Down

Tense	Conjugation	Transliteration	Translation
Past	נשכבתי	Nish**kav**ty	I Lay Down
	נשכבנו	Nish**kav**nu	We Lay Down
	נשכבת	Nish**kav**ta	You (Male) Lay Down
	נשכבת**ם**	Nishkav**tem**	You (Plural, Male) Lay Down
	נשכבת	Nish**kavt**	You (Female) Lay Down
	נשכבת**ן**	Nishkav**ten**	You (Female, Plural) Lay Down
	נשכב	Nish**kav**	He Lay Down
	נשכבה	Nishke**va**	She Lay Down
	נשכב**ו**	Nishke**vu**	They Lay Down
Present	שוכב	Sho**khev**	He Is Lying Down
	שוכב**ים**	Shokh**vim**	We Are Lying Down
Future	אשכב	Esh**kav**	I Will Lie Down
	נשכב	Nish**kav**	We Will Lie Down
	תשכב	Tish**kav**	He Will Lie Down
	תשכב**ו**	Tishke**vu**	They Will Lie Down
	תשכב**י**	Tishke**vi**	You (Female) Will Lie Down
	תשכבנה	Tish**kav**na	You (Female, Plural) Will Lie Down
	ישכב	Yish**kav**	He Will Lie Down
	ישכב**ו**	Yishke**vu**	They (Male) Will Lie Down

	תשכב	Tishkav	She Will Lie Down
	תשכבנה	Tishkavna	They (Female) Will Lie Down
Imperative Tense	שכב	Shkav	Lie Down!
	שכבו	Shikvu	Lie Down! (Plural)
	שכבי	Shikvy	Lie Down! (Female)

To Forget

Tense	Conjugation	Transliteration	Translation
Past	שכחתי	Sha**khakh**ty	I Forgot
	שכחנו	Sha**khakh**nu	We Forgot
	שכחת	Sha**khakh**ta	You (Male) Forgot
	שכחתם	Shakhak**tem**	You (Plural, Male) Forgot
	שכחת	Sha**khakt**	You (Female) Forgot
	שכחתן	Shakhak**ten**	You (Female, Plural) Forgot
	שכח	Sha**khakh**	He Forgot
	שכחה	Shakhe**kha**	She Forgot
	שכחו	Shakhe**khu**	They Forgot
Present	שוכח	Sho**khe**'akh	He Is Forgeting
	שוכחים	Sho**kha**khim	We Are Forgeting
Future	אשכח	Esh**kakh**	I Will Forget
	נשכח	Nish**kakh**	We Will Forget
	תשכח	Tish**kakh**	He Will Forget
	תשכחו	Tishke**khu**	They Will Forget
	תשכחי	Tish**kakh**i	You (Female) Will Forget
	תשכחנה	Tish**kakh**na	You (Female, Plural) Will Forget
	ישכח	Yish**kakh**	He Will Forget
	ישכחו	Yishke**khu**	They (Male) Will Forget
	תשכח	Tish**kakh**	She Will Forget

	תשכחנה	Tishkakhna	They (Female) Will Forget
Imperative Tense	**שכח**	**Shkakh**	Forget!
	שכחו	Shikhekhu	Forget! (Plural)
	שכחי	Shkekhy	Forget! (Female)

To Send

Tense	Conjugation	Transliteration	Translation
Past	שלחתי	Shalakhty	I Sent
	שלחנו	Shalakhnu	We Sent
	שלחת	Shalakhta	You (Male) Sent
	שלחתם	Shalakhtem	You (Plural, Male) Sent
	שלחת	Shalakht	You (Female) Sent
	שלחתן	Shalakhten	You (Female, Plural) Sent
	שלח	Shalakh	He Sent
	שלחה	Shalakha	She Sent
	שלחו	Shalakhu	They Sent
Present	שולח	Shole'akh	He Is Sending
	שולחים	Sholkhim	We Are Sending
Future	אשלח	Eshlakh	I Will Send
	נשלח	Nishlakh	We Will Send
	תשלח	Tishlakh	He Will Send
	תשלחו	Tishlekhu	They Will Send
	תשלחי	Tishlekhi	You (Female) Will Send
	תשלחנה	Tishlakhna	You (Female, Plural) Will Send
	ישלח	Yishlakh	He Will Send
	ישלחו	Yishlekhu	They (Male) Will Send
	תשלח	Tishlakh	She Will Send

	תשלחנה	Tish**lakh**na	They (Female) Will Send
Imperative Tense	**שלח**	**Shlakh**	Send!
	שלחו	Shil**khu**	Send! (Plural)
	שלחי	Shil**khy**	Send! (Female)

To Hear

Tense	Conjugation	Transliteration	Translation
Past	שמעתי	Sha**ma**ty	I Heard
	שמענו	Sha**ma**nu	We Heard
	שמעת	Sha**ma**'ata	You (Male) Heard
	שמעתם	Shama**tem**	You (Plural, Male) Heard
	שמעת	Sha**ma**t	You (Female) Heard
	שמעתן	Shama**ten**	You (Female, Plural) Heard
	שמע	Sha**ma**	He Heard
	שמעה	Sham'**a**	She Heard
	שמעו	Sham'**u**	They Heard
Present	שומע	Sho**me**'a	He Is Hearing
	שומעים	Shom'**im**	We Are Hearing
Future	אשמע	Esh**ma**	I Will Hear
	נשמע	Nish**ma**	We Will Hear
	תשמע	Tish**ma**	He Will Hear
	תשמעו	Tishme'**u**	They Will Hear
	תשמעי	Tishme'**i**	You (Female) Will Hear
	תשמענה	Tish**ma**na	You (Female, Plural) Will Hear
	ישמע	Yish**ma**	He Will Hear
	ישמעו	Yishme'**u**	They (Male) Will Hear
	תשמע	Tish**ma**	She Will Hear

	תשמענה	Tishmana	They (Female) Will Hear
Imperative Tense	**שמע**	**Shma**	Hear!
	שמעו	Shim'u	Hear! (Plural)
	שמעי	Shim'y	Hear! (Female)

To Can

Tense	Conjugation	Transliteration	Translation
Past	שימרתי	Shimarty	I Canned
	שימרנו	Shimarnu	We Canned
	שימרת	Shimarta	You (Male) Canned
	שימרתם	Shimartem	You (Plural, Male) Canned
	שימרת	Shimart	You (Female) Canned
	שימרתן	Shimarten	You (Female, Plural) Canned
	שימר	Shimer	He Canned
	שימרה	Shimra	She Canned
	שימרו	Shimru	They Canned
Present	משמר	Meshamer	He Is Canning
	משמרים	Meshamrim	We Are Canning
Future	אשמר	Eshamer	I Will Can
	נשמר	Nishamer	We Will Can
	תשמר	Tishamer	He Will Can
	תשמרו	Tishmru	They Will Can
	תשמרי	Tishmri	You (Female) Will Can
	תשמרנה	Tishamerna	You (Female, Plural) Will Can
	ישמר	Yishamer	He Will Can
	ישמרו	Yishamru	They (Male) Will Can
	תשמר	Tishamer	She Will Can

	תשמרנה	Tishamerna	They (Female) Will Can
Imperative Tense	שמר	Shamer	Can!
	שמרו	Shimru	Can! (Plural)
	שמרי	Shimry	Can! (Female)

To Repeat

Tense	Conjugation	Transliteration	Translation
Past	שניתי	Shanity	I Repeated
	שנינו	Shaninu	We Repeated
	שנית	Shanita	You (Male) Repeated
	שניתם	Shanitem	You (Plural, Male) Repeated
	שנית	Shanit	You (Female) Repeated
	שניתן	Shaniten	You (Female, Plural) Repeated
	שנה	Shana	He Repeated
	שנתה	Shanta	She Repeated
	שנו	Shanu	They Repeated
Present	שונה	Shone	He Is Repeating
	שונים	Shonim	We Are Repeating
Future	אשנה	Eshne	I Will Repeat
	נשנה	Nishne	We Will Repeat
	תשנה	Tishne	He Will Repeat
	תשנו	Tishnu	They Will Repeat
	תשני	Tishni	You (Female) Will Repeat
	תשננה	Tishnena	You (Female, Plural) Will Repeat
	ישנה	Yishne	He Will Repeat
	ישנו	Yishnu	They (Male) Will Repeat

	תשנה	Tishne	She Will Repeat
	תשננה	Tisnena	They (Female) Will Repeat
Imperative Tense	**שנה**	**Shne**	Repeat!
	שנו	**Shnu**	Repeat! (Plural)
	שני	**Shny**	Repeat! (Female)

To Drink

Tense	Conjugation	Transliteration	Translation
Past	שתיתי	Sha**ti**ty	I Drank
	שתינו	Sha**ti**nu	We Drank
	שתית	Sha**ti**ta	You (Male) Drank
	שתיתם	Sha**ti**tem	You (Plural, Male) Drank
	שתית	Sha**tit**	You (Female) Drank
	שתיתן	Sha**ti**ten	You (Female, Plural) Drank
	שתה	Sha**ta**	He Drank
	שתתה	Sha**te**ta	She Drank
	שתו	Sha**tu**	They Drank
Present	שותה	Sho**te**	He Is Drinking
	שותים	Sho**tim**	We Are Drinking
Future	אשתה	Esh**te**	I Will Drink
	נשתה	Nish**te**	We Will Drink
	תשתה	Tish**te**	He Will Drink
	תשתו	Tish**tu**	They Will Drink
	תשתי	Tish**ti**	You (Female) Will Drink
	תשתנה	Tish**te**na	You (Female, Plural) Will Drink
	ישתה	Yish**te**	He Will Drink
	ישתו	Yish**tu**	They (Male) Will Drink
	תשתה	Tish**te**	She Will Drink

	תשתנה	Tishtena	They (Female) Will Drink
Imperative Tense	שתה	**Shte**	Drink!
	שתו	**Shtu**	Drink! (Plural)
	שתי	**Shty**	Drink! (Female)